GÜTERSLOHER
VERLAGSHAUS

Mein herzlichster Dank gilt
Sylvia Meißner

UWE STEIMLE

Steimles Welt

begleitet von
Peter Ufer und Michael Seidel

Gütersloher Verlagshaus

Bibliografische Information der Deutschen Nationalbibliothek
Die Deutsche Nationalbibliothek verzeichnet diese Publikation in der Deutschen Nationalbibliografie; detaillierte bibliografische Daten sind im Internet über https://portal.dnb.de abrufbar.

FSC
www.fsc.org
MIX
Papier aus verantwortungsvollen Quellen
FSC® C014496

Verlagsgruppe Random House FSC® N001967.
Das für dieses Buch verwendete FSC®-zertifizierte Papier
Munken Premium Cream liefert Arctic Paper Munkedals AB, Schweden.

Entdecken Sie mehr auf
www.uwesteimle.de

1. Auflage

Umschlagmotiv: © Uwe Steimle
Druck und Einband: GGP Media GmbH, Pößneck
Printed in Germany
ISBN 978-3-579-06599-1

www.gtvh.de

Inhalt

Meine Tiefe ist die Oberfläche

Warum Wieso Weshalb ... Eine Pusteblume – das ist für mich die Welt.

Mit acht Jahren hat man bereits zu 30 Prozent all das gelernt, was lebenswichtig für die innere Ausprägung des Gemüts ist, oder anders ausgedrückt: Unser Charakter ist schon zu einem Drittel besetzt – eleganter formuliert: Er ist geprägt.

Das klingt wie ausgestanzt, ich will raus aus der Stanze. Je älter ich werde, und dies geschieht mit jedem Tag aufs Neue, umso mehr puhl, ja suhl ich mich in der Vergangenheit. Was waren das für Zeiten, da auf der Leipziger Straße 226 in Dresden, in unmittelbarer Nähe zu Theodor Rosenhauer, also kurz vor Alttrachau, Sonntag nachmittags Herr und Frau Domaschke aus dem Vorderhaus die beiden Stuben-Fensterflügel öffneten und, mit zwei Sofakissen bewaffnet, sich es im Rahmen gemütlich machten? Sie hatten noch keinen Fernseher, somit war dieses wiederkehrende Ritual allwöchentlich ihr Blick auf die Welt.

Ich wollte das als achtjähriger Junge unbedingt nachmachen, am besten aus Omas Küchenfenster, aber ich sah nichts. Gut, Tante Sigrid lief 1973 mit Lockenwickler und Kittelschürze zum Bäcker, na und ...? Dass sie sich vernachlässigte, wie die Erwachsenen sagten – vernachlässigt? Mit so einem Wort konnte ich nichts anfangen. Im Gegenteil, ich fand lässig, wie meine Nichttante durchs Leben ging. Genau genommen sah ich sie fast nur so, und immer dazu dieser süßlich feine Geruch im Treppenhaus, herrührend aus ihrem Friseursalon ... geschwängert in Übigauer Luft ... vom Haarzerstäuber. Oh ja, so etwas prägt! Wo ist das bestrickte Gummiei mit Kordel? Vorbei, weg. Wo ist die Kittelschürze? Wo der Haarzerstäuber und das Haarnetz und wo die Plastelockenwickler, in blau, grün, rot?

All die kleinen Dinge suche ich heute, wenn ich losfahren darf im Auftrag des MDR. Und Sie, liebe Leser, lade ich nun herzlich ein, mit mir zu reisen auf den Seitenstraßen unserer Welt.

Es ist der kleine große Alltag, der mich fasziniert, beeindruckt und Spuren hinterlässt, begleitend im Lebensrhythmus.

80 Prozent dieser immer wiederkehrenden Dinge bestimmen unser Leben. Berufen dazu fühle ich mich, nicht nur zurufen möchte ich Ihnen von ganzem Herzen: Staunen Sie mit mir.

Über einen Köhler, der sein Handwerk so sehr liebt, dass er nachts nicht schlafen kann, weil er keinen findet, der ihn ersetzt, und derartig von seiner Holzkohle schwärmt, dass ich meine, er entzündet mein Herz auch gleich noch mit.

Staunen Sie über einen Mann aus Pomßen, der erzählt, wie er zu einem Nagetusch-Sammler wurde.

Staunen Sie mit mir gemeinsam über einen Bäcker, der keine Kuchenränder mehr verkauft, weil runde Kuchen keine Kuchenränder haben.

Solange wir staunen können, solange leben wir.

Selbst fürs Kehren vor der eigenen Tür kann ich mich begeistern. Strich für Strich reinigt dieser mechanische Vorgang nicht nur den Dreck, der mir zu Füßen liegt, sondern auch den im Oberstübchen. Ja, Kehren reinigt das Gehirn. Ebenso wie Aufwaschen oder Schuhe putzen und Nähen.

Wenn »Steimles Welt« loszuckelt – wir sind übrigens ein kleines, reines Männerkollektiv –, weiß es oft nicht, wer und was es erwartet.

Alle Menschen, die uns in der Sendung begegnen, eint eines: Sie rühren uns mit Einzigartigem, und so staunen wir über scheinbare Kleinigkeiten.

Für mich fühlt sich auf diesen kleinen Reisen das Medium Fernsehen an wie das richtige Leben. Zukunft, Herzlichkeit, Begeisterung gibt es gratis um die Ecke, wenn ich mich auf den Nächsten einlasse, ihn aufbreche, ihn nicht verletze und selbst neugierig bleibe.

Meine »Steimles« Welt ist eine Mischung aus Ratgebersendung als Reisemagazin getarnt (oder andersherum) mit Entschleunigungsfaktor.

Wir machen das Fernsehen, für das Sie Ihre Gebühren nicht vergeblich zahlen, weil wir nicht mit Kunststückchen angeben, sondern Lebenshilfe anbieten. Für die geldwerten Mittel, die Sie einsetzen, »gebührt« es sich, dass Sie klüger aus dem Fernsehapparat wieder herauskommen, als Sie es beim Eintauchen waren. Und Sie und ich müssen dabei gemeinsam Spaß haben, dann ist es recht.

Und das dürfen Sie erwarten: Eine Kornblume am Wegesrand wird mit der gleichen Achtsamkeit aufgespürt, behandelt und verteidigt wie der Fährmann in

Artern, der nicht versteht, dass nur die Bank überleben wird, die in der Lage ist, scheinbares Geld in beliebiger Höhe theoretisch aufzubringen. In einer Folge wird dieses Kuriosum ins Bild gesetzt, doch leider interessierte sich bis heute niemand für die merkwürdigen Ansichten eines Herrn Asmussen, der – glaube ich – die Bundesrepublik in Sachen Geld berät. Dass es in Sachen Geld wirklich nur noch um Glauben geht, verrät Einiges über den Seelenzustand unserer Nation.

Zum Schluss möchte ich Ihnen noch zurufen: Die wichtigen Dinge lernt man nur in Pausen. Bitte machen Sie eine Pause und lesen Sie mich.

Ihr Buch.

Die Vertriebenen

Station 1

von Uwe Steimles obligatorischem Weltkulturerbe

Maus Gertrud und der Drehrummbumm, passt nur auf, der Tod geht um

Glauben Sie mir, es ist schön, nach getaner Arbeit an einem lauen Sommerabend in Sonneberg im »Krug zum grünen Kranz« zu sitzen. Nach zwei Apfelsaftschorle stimmten wir ein vergessen geglaubtes Lied aus einer Fernsehsendung mit Pittiplatsch an. »... denn ich bin Drehrumbum der Runde, und drehe alles rum, jede Stunde.« Vom Nachbartisch kam keine Mecker, nein, die Nachbarinnen stimmten ein in unser Männergesumms und ergänzten und verbesserten die uns fehlenden Sequenzen. Eine schöne Frauenstimme ergänzte »Nickeneck, du lieber Schreck«.

Wir kamen also durch Gesang ins Gespräch und am nächsten Tag durften wir die sieben Frauen besuchen. Sieben Übriggebliebene von eintausend Beschäftigten des Sonneberger Spielzeug VEB. Diese übriggebliebenen vierzehn Frauenhände dürfen immer noch die zweite Riege der Plüschfiguren der DDR-Puppenfernsehstars herstellen. Hier entstehen noch Buddelflink, Maus Gertrud und besagter Nickeneck. Sogar der inzwischen verschollen geglaubte Bummi wird hier gefertigt. Im Nachbarort Neustadt, auch eine Spielzeugstadt, werden jedoch meine und meiner Töchter absoluten Obersuperkinderfernsehstarkultfiguren umverpackt. Durch diese von mir so genannte Gestattungsproduktion wird mir sozusagen gestattet, regelmäßig Pittiplatsch, Schnatterente, Herrn Fuchs nebst Frau Elster und meinen Moppi in allen denkbaren Größen zu kaufen, um diese zu verschenken.

Die vom Bildschirm Vertriebenen, sie werden jetzt auf Jahrmärkten gehandelt.

Natürlich werfe ich der Treuhandverwurstungsgesellschaft auch nach 25 Jahren immer noch vor, das pädagogische und unterhaltende Erbe der Kinderfernsehpuppenfiguren aus dem Osten vom Bildschirm verjagt zu haben. Verachtet und verscherbelt wurden die, die über Jahrzehnte Millionen Kinderherzen unterhielten.

Pitti, die Großklappe, Schnattchen, die ewig alle Nervende, Moppi, der Antiheld, Frau Elster, das elegante Fräulein, das immer ihre Sorgen mit dem väterlichen, jedoch einfältigen Herrn Fuchs hatte usw. usf.

Uwe mit der Hüterin der beliebten Kinderfernsehfiguren Frau Hentschel

Sie hatten ihren Platz in unser aller Leben. In Sonneberg erschienen mir 25 Jahre wie ein Wimpernschlag. Meine Augen glänzten, mein Herz stand für Augenblicke still.

Stehen geblieben wäre es aber fast, als ich erfuhr, dass meine Freunde, die Puppenfiguren, in Fernost entstehen. Pitti kommt jetzt in China zur Welt. Irgendwie reißt die Kette der groben Fehler nicht ab … Wenn das Meister Nadelöhr wüsste, würde sich Thadeus Punkt im Grabe rumdrehen. Punkt. Jetzt wissen Sie auch, dass »Steimles Welt« nicht nur Bildungsfernsehen ist, sondern auch Herzensbildungsfernsehen.

Schneemann Eimerhut erzählt Ihnen jetzt noch einen Witz, auch damit ich nicht implodiere.

Im Märchenwald sitzt Frau Elster auf ihrer Wohnbirke im Elsternest am geöffneten Glasfenster und hat einen Brotkorb mit duftendem Brotinhalt im Schnabel. Herr Fuchs kommt des Weges und riecht das weithin duftende Brot. Die Lefzen werden ihm nass, natürlich bettelt er Frau Elster an: » Liebe Frau Elster, bitte geben Sie mir einen Bissen von Ihrem köstlichen Märchenwaldbrot.« Frau Elster antwortet mit zusammengehaltenem Schnabel, den Brotkorb festhaltend mit einem kurzen: »Nein«. Herr Fuchs ruft keck: »Frau Elster, haben Sie schon gehört, dass Pitti Parteisekretär im Märchenwald wird?« (Hilfe, schon diese Formulierung ist Weltniveau, Parteisekretär im Märchenwald …) Nun, auch die Elster lacht ob der abenteuerlichen Neuigkeit und der Brotkorb fällt ihr aus dem Schnabel und unserem schlauen Fuchs direkt vor die Füße.

Was antwortet Herr Fuchs? »Tja, Frau Elster, sehen

Sie, wenn man über die Partei lacht, wird man ganz schnell brotlos«!

Märchenwald für Erwachsene gab es auch, wir waren mal ein kluges Volk. Wir.

Nun aber auf zu Frau Renate Müller aus Sonneberg. Frau Müller ist Spielzeuggestalterin wohlgemerkt, nicht Designerin.

Ihre ganze Arbeitskraft, ihre Zeit und ihre Liebe steckte sie in die von ihr erfundenen Rupfentiere. Auf meine Frage, was denn diese im wahrsten Sinne des Wortes ausgezeichneten Spielsachen für sie bedeuten, antwortete sie mir: »Ich habe aus dem Nichts etwas gestaltet. Ein leerer Zuckersack ist ja kein pädagogisch wertvolles Spielzeug. Meine Arbeit, meine Rupfentiere, die ich seit den 60er-Jahren herstelle, sind mein Leben, meine Seele.« Ich sehe ihre großen bernsteinfarbenen Augen strahlen, sie sehen aus, als wären sie gerade einem Holzwolle-Teddy abgeknöpft worden.

Hände hat diese Frau, als wären nur ihre für ein Patent »Handarbeit« eingetragen.

Ich möchte den Nobelpreis ausrufen für die Erfinderin der Sonneberger Rupfentiere, für Renate Müller, die gerufen wurde, im MoMA auszustellen. Obwohl ich nicht die geringste Aktie an diesem Erfolg habe, freue ich mich von ganzem Herzen so über diese Ehrung, als würde ich zwischen den Rupfentieren im MoMA weilen.

»Eines Tages«, so erzählt mir Frau Müller, »rief einer von über dem Teich an, erkundigte sich nach mir und teilte mir mit, dass man mich ehren wolle.« Wofür?

Uwe mit Frau Müller in ihrem Atelier

In den USA sei man begeistert von ihrer Handarbeit, die Rupfentiere betreffend. Ein so schönes und natürliches Produkt aus Jutezuckersack, benäht mit echtem Leder und ausgefüllt mit ebenfalls echter Holzwolle, sei einmalig. Pädagogisch wertvoll und therapeutisch nutzbar, weil begreifbar – eben ein Spitzenspielzeug mit Alleinstellungsmerkmal.

Viele Kindergärten der DDR besaßen so ein Rupfentier, in meiner Erinnerung kommt es als Flusspferd vor.

Weil 170 Ostmark Herstellungskosten für jedes Nashorn, Krokodil oder Flußpferd aber nicht ausreichten, hat der verbrecherische Unrechtsstaat jedes dieser Spielzeuge mit 80 Mark bezuschusst.

Heute können sich nur noch sehr reiche Eltern solch Spielzeug leisten, von Kindergärten ganz zu schweigen. 250 Märker reichen längst nicht mehr für den Kauf eines Tieres.

Renate Müller wird nun endlich auch mit Einnahmen für ihr schöpferisches Handwerk, für ihre Geduld und für ihren Mut belohnt. Die Treuhandkredite hat sie getilgt, mit 67 Jahren ist sie endlich frei.

Nun, da sie in den USA gewürdigt und anerkannt wurde, wird sie endlich auch in unserer BRD lobend zur Kenntnis genommen. Wie sich doch die Zeiten nicht ändern ...

In Frau Müllers Repräsentationsregal hockte übrigens ein herrlich frech guckendes Jutesack-Kaspargesicht. Meine blauen Augen funkelten mindestens wie seine, und schwarzpupillt funkelte er zurück.

»Er war auch im MoMA, hat New York gesehen«, bemerkte Frau Müller, meine Verliebtheit sehend.

Als die Kamera ausgeschaltet war, schenkte sie mir den Kaspar mit den Worten: »Den schenke ich Ihnen, Herr Steimle, Sie sind einer von uns«. Da hab ich geweint. Es war wieder so ein Augenblick, ein Drehtag, ein Lebenstag, für den ich dankbar bin, ihn erlebt zu haben.

In diesen Momenten fehlt mir mein Land, das Land, in dem ich Kind war, so unendlich.

Und wenn wieder einmal böse Mächte sich berufen fühlen, auf diesem Land auch noch nach 25 Jahren herumzutrampeln, dann nehme ich den Kaspar und wünsche mir, dass diese Menschen acht Stunden lang Frau Müller beim Befüllen des Krokodils mit Holzwolle zusehen könnten.

Zeit heilt alle Wunder. Mit jedem neuen Nashorn, Vogel, Hahn oder Flusspferd, das Frau Müllers Werkstatt verlässt, wird ein besseres Stück MEINES Landes weitergereicht.

Es bleibt uns noch die Aufgabe, unsere Rupfentiere in unsere Kindergärten zu bringen.

Dann ist die MoMA-Ehrung für immer in Deutschland.

Von Mudschn bis zum Gnadenhof

Station 2

von Uwe Steimles obligatorischem Weltkulturerbe

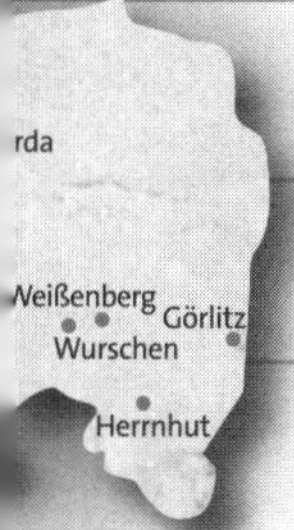

Nimm ein Ei mehr oder Ei und Ei ist vielerlei

Wie ein Truthahn läuft der eine über seinen Hof. Der andere lässt den Luftlaut des Vogels über seine Lippen fliegen. Tierische Koloratur-Imitation: Ijululllhuijhulullljihu. Es soll dem Truthuhn gut tun. Das antwortet kurz und zwinkert dem Menschen zu. Fein gemacht.

Uwe Steimle atmet durch und der Mann mit dem Hahnengang öffnet ihm das Tor. Sein Reich komme. »Herr Großer«, sagt der Eingelassene zu dem Hofbesitzer. Aber der wehrt ab. Er will nicht länger sein, als er ist. Er heißt Große. Das »r« können sich andere ans Revers heften. Ein Schatten segelt plötzlich über die Männerköpfe. Steimle kommentiert das Flugwesen: »Eine Mehlschwalbe.« Herr Große nickt und sagt: »Ja, eine Rauchschwalbe.« Hofdialog zweier Kenner vor dem zweiten Frühstück.

Der Besucher bekommt die Hände nicht aus den Hosentaschen, zwischen seinen Fingern klemmt die Kälte. Noch hat die Sonne den Hühnerhof nicht angewärmt. Der frühe Vogel fängt den Wurm, weiß das Huhn. Steimle denkt, der Wurm, der kann mich mal.

Der Sachse befindet sich auf Weltreise durch seine Heimat. Heute landet er früh in der Nähe von Mutzschen. Und da fällt ihm ein, dass der Ort lautmalerisch von dem lieben Mudschn abgeleitet sein könnte, der sächsisch verniedlichten Urform der Mutter. Die Mundart liebt es vielseitig. Es gibt auch die Mudsch, was schon etwas strenger wirkt als das Mudschn. Die ist fast so anbetungswürdig wie die Mami, was wiederum einen klaren Unterschied zum heutigen Umgangston hören lässt. Denn jetzt heißt die Dame der Kinderherzen nur noch Mama. Das »i« am Ende nimmt keiner mehr, so wie Herr Große das »r« nicht haben will. Es existiert im sächsischen Sprachraum ebenso die Muddl, die jedoch nur der Fadl so ruft – also der jahrelange Ehemann der jahrelangen Ehefrau. Aber wir reden hier nicht von einem Ort mütterlicherseits, sondern von Mutzschen, einer ehemaligen Ackerbürgerstadt im Osten des Landkreises Leipzig. Und genau da liegt Herrn Großes Rassegeflügelhof.

Schwalben erinnern Uwe Steimle ans Segeln. Schon in der Schule lernte er, wie sie über den Erie-See flogen. Und er sah die Gischt um den Bug schäumen wie Flocken von Schnee. Von Detroit flogen sie nach Buffalo. Da draußen stand dieser Kerl im Sturm, John Maynard, ein Held. Er war es, der das Steuer fest in der Hand hielt, der wusste, wo es lang geht. Aber Helden, die was wissen, die kommen um. Zumindest im Fontane-Gedicht, das jeder sächsische Schüler noch heute vortragen muss neben dem Lehrertisch. Und wehe, einer verspricht sich bei der Heldenlyrik. »Ja, Sir, ich halt's.«

Alle Hühner sind angetreten im Große-Hof, sie flattern und gaggern. Steimle staunt. Er entdeckt unaussprechlich gute Rassegeflügelzucht. »Seit 50 Jahren machen wir das«, sagt Herr Große. Enten hat er auch und einen Sohn. Der kommt jetzt angelaufen, grüßt den Besucher. Der fragt: »Sie sind der Sohn?« Und der Nachwuchs sagt: »Ich nehm's an.« So sind die Züchter, sie nehmen das Beste an und halten durch. Europameister sind sie geworden mit ihren geflügelten Prachtexemplaren. Das blaue Band von Hannover tragen die deutschen Hühnermeister – dekoriert wie Spitzensportler, aber ungedopt. Wer dopt, der fliegt. Das Zeug verleiht Flügel. Hier läuft der Siegervogel stolz durchs Gehege. Huhn oder Ei, das ist nicht die Frage, Herr Große war der Erste. »Wir Geflügelzüchter sind ein Völkchen für sich«, sagt der Züchter. »Warum?«, will der Besucher wissen. »Weil wir ein Völkchen für sich sind.« Freilich.

Herr Große kann für sich sagen, er ist das Volk. Kein Wunder, von Mutzschen ist es nicht weit in die Heldenstadt Leipzig. »Wer mit Tieren kann, der kann auch mit Menschen«, sagt er. Große lebt mit Tieren, mit kleinen wie mit hohen. Strauße nehmen Auslauf auf den weiten Wiesen und Rinder wiederkäuen gleich daneben. 180 bis 200 Broiler produziert Große außerdem im Jahr auf seinem Hof. Und da ist schon wieder so ein Wort von anno dunnemals. Neudeutsch: Hendl. Im Sächsischen kann das zu Verwechslungen mit Händel, dem Komponisten aus Halle, führen. Also bitte eindeutig: Brathähnchen. Aber warum lang, wenn auch Broiler geht.

Steimle zieht es weiter. Die Heimat hat sich schön gemacht. Abschied vom Große-Hof, Ankunft an einer Tankstelle. Der Wartburg braucht Benzin, 1:50, eine Mischung aus einem Land im Zweitakt. Aber da steht zum Glück an der Tanksäule nebenan eine Frau mit ihrem Gatten, einem freundlichen Fahrzeughalter, der helfen will. Steimle: »Wissen Sie, wie viel Liter Benzin und wie viel Liter Öl ich tanken muss, wenn ich 1:50 mischen will?« Der freundliche Fahrzeughalter sagt: »Super.« Seine Frau lächelt, aber mischt sich nicht ein. Nochmal der Fahrzeughalter: »Für einen Liter brauchen Sie 0,25 äääähh … neee.« Nochmal: »Für zehn Liter Benzin brauchen Sie 25 Liter Öl.« Steimle schaut fragend und sagt: »Wie viel?« Der Fahrzeughalter nochmal: »Für 100 Liter Benzin fünf Liter Öl.« Steimle: »Aber ich brauche nicht 100 Liter, ich brauche 25 Liter, also wie viel Öl?« Da tankt ein Oberlehrer, denkt der Fahrzeughalter, und seine Frau geht schon mal rein in die Tankstelle, um ihre Füllung zu bezahlen. Der Fahrzeughalter nochmal: »Oh, da wirdsch ä Daschnrechner nehm.« Jetzt kopfrechnet Steimle vor, dass

Mit Öl läufts wie geschmiert …

er bei 50 Litern Benzin einen Liter Öl nehmen würde und deshalb bei 25 Litern die Hälfte. Richtig? »Nee«, sagt der Fahrzeughalter, »das wäre doch dann 1:50.« Steimle nickt und sagt: »Eben. Mensch, früher, da hat mans eefach im Kobbe gehabd.« »Ja«, sagt der Fahrzeughalter, »da stands ja ooch dran.« Freilich.

Abgefüllt geht's weiter. Der Wartburg springt wie ein junger Hirsch über die Kopfsteinpflasterstrecke. Hier in der Ecke gibt es noch auf manchen Nebenstraßen Kopfsteinpflaster. Das war damals in der DDR ein Exportartikel. Die Spur der Steine ging in den Westen auf Marktplätze, die mit dem antiquarischen Granit belegt wurden wie Wohnstuben mit Holzdielen. Der Schalck saß den harten Devisen im Nacken. Aber die Bodendenkmale verschwanden auch, weil einfach Asphalt über sie gekleistert wurde, ein Teppich des Schweigens legte sich über sie. Jeder Riss wirkte da wie ein Verrat an den versteckten Pflastersteinen.

Der Wartburg-Camping nimmt die Wege gelassen. 40 Jahre rollt er schon von Ost nach Nord und Süd und zurück. Elegante Linien teilen den Wind vor der Kühlernase. Dieses Auto federt, es schwimmt durch die Kurven und es riecht nach sich. Unverkennbarer Wartburg-Geruch. Kein Kilometer nahm ihm diesen Duft nach Unvergänglichkeit.

Zwischenstopp in Dahlen, wo die Sachsen es wörtlich nehmen. Sie dahlen. Schon wieder so eine Vokabel. Das »h« wird jedoch nicht immer gebraucht, so wie das »i« oder das »r«. Dalen heißt ins Deutsche übersetzt herumspielen, trödeln, Zeit verschwenden. Also schnell weiter, bevor es zu spät ist. Denn wer hier hält, der ist plötzlich in Neu Dehli. »Wer hätte vor dorr Kehre schon geglobt, dass Neu Dehli in Dahlen liegt«, sagt Steimle. Jedenfalls hängt ein großes Schild mit den acht Buchstaben am Markt über dem Schaufenster eines Imbisses.

Apropos im Biss: Steimle bekommt Hunger. Erst der Hinweis auf die 200 Broiler, jetzt der Tipp für die internationale Küche, da braucht er Süßes. Nächster Halt Buchara. Bitte »r« und »a« wegnehmen, es handelt sich nur um Bucha. Ein Ort mit Bäcker. Der sächsische Heimatbummler geht rein in den Laden, verlangt Kuchenränder, so wie damals, als er nach der Schule in Dresden-Trachau beim Kuchenmeister nach den Backresten fragte. Die wurden abgeschnitten vom überlaufenden Blech, kamen in die Tüte und warteten auf die hungrigen Bälger aus der POS, der Polytechnischen Oberschule. Steimle glaubt daran, dass in Bucha die Zeit stehen geblieben wäre und der Bäcker samt Tüte noch immer auf ihn wartet. Aber Pustekuchen. »Haut ab, Mensch, verschwindet«, ruft die Verkäuferin. Das muss der Kunde erst mal verdauen, in Bucha bekommt er nicht, was er will. Wie sich die Zeiten ändern.

Hungrig steigt Steimle zurück in seinen Wartburg, er hält das Steuer, er kennt das Ziel, er fährt zum Nagetusch nach Pomßen. Hier darf kein Buchstabe fehlen. Pomßen ist der Ort, in dem Christian Braun wohnt, der eine Garage voller Oldtimer sein Eigen nennt. Einer heißt Nagetusch, ein Wohnwagen für Weltreisen, Viersterne-Zimmer auf Rädern. Handgefertigter Holzaufbau mit Aluminiumaußenhaut auf einem Zentralrohrrahmen. Für die bequeme Lage sitzt das rollende Minihotel auf Schwinghebelachsen und Einzelradaufhängung mit Drehstabfederung und Stoßdämpfern. Zimmer mit Ausblick durch Glas- und Kunststoffscheiben, das Dach alubeplankt. Der Raum gleicht einem Herrenzimmer mit Holzausbau, die Sofabank flexibel umbaubar zur Schlaflandschaft, daneben eine kleine Einbauküche mit Gasanlage und 220-V-Anlage. Mit dem Komfort kommt man fort. Da sage noch einer, der Arbeiter- und Bauernstaat ließe seine Arbeiter und Bauern hart liegen. Nein, im Nagetusch schlummert es sich weich, Prinzen und Prinzessinnen auf der Erbse. Der Dresdner Richard Nagetusch erfand das Gefährt in den 1950er-Jahren, er hatte schon 1931 einen Karosseriebaubetrieb auf dem Gelände des Alten Schlachthofes gegründet. Aber seine Geschichte klingt typisch für erfindungsreiche Sachsen. Irgendwann ging sein Sohn in den Westen, und in den 1970er-Jahren enteignete der Staat den Wohnwagenerbauer, der erst verhaftet und dann von der Bundesrepublik freigekauft wurde. Der Luxuswohnwagen blieb noch bis 1973 in der Konsumgüterproduktion, dann wurde er ersetzt durch einen Plastewohnwagen namens »Bastei«.

Christian Braun liebt die Nagetusch-Wohnwagen nach wie vor, er rekonstruierte einige von ihnen, weil sie sächsische Erfindungsgeschichte zeigen und weil sie schlicht gemütlich Wege übers Land berollen, am besten gezogen von einem Wartburg-Camping. Jetzt breitet er die Liegefläche aus. Steimle liegt flach, neben ihm Christan Braun, der sagt: »Versau' mir meinen Ruf nicht.« Da schlägt Steimle vor, ein Keilkissen zwischen die Männer zu legen, so bleiben sie sauber.

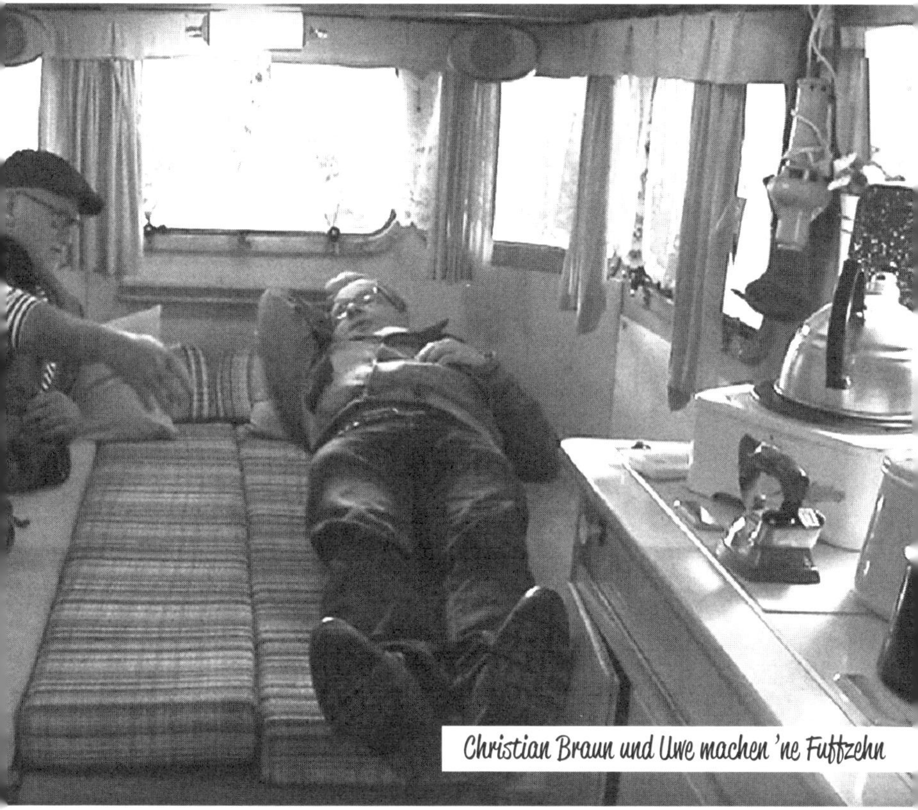

Christian Braun und Uwe machen 'ne Fuffzehn

Plötzlich erzählt der Nagetusch-Besitzer, wie es dazu kam, dass er zum Sammler wurde. Vor elf Jahren ging er fast zugrunde, eine Leukämie durchkreuzte sein Leben. Von einer jungen Kanadierin bekam er Knochenmark und überlebte. Aber leben wie bisher wollte er nicht mehr. So nahm er seinen alten Trabant und fuhr seinen Erinnerungen hinterher. Und da begegnete ihm ein weiterer Trabant, ein alter Wartburg und irgendwann der Nagetusch. Er leistete Aufbauarbeit erst für sich und dann für andere. Oldtimerpflege als Überlebensmittel. Die Garage in Pomßen wirkt für ihn wie für andere die Rehaklinik. Braun braucht nicht mehr, sondern erhält, um sich zu erhalten. Aufarbeitung der Vergangenheit nennt sich das. Freilich.

Steimle umarmt zum Abschied den Mann und seine Welt in Pomßen. Am liebsten aber würde der Reisende hier bleiben, weil da draußen immer irgendwas das Leben durchkreuzt. Erinnerungen geben Geborgenheit. Deshalb sammelt Braun auch all die Dinge, die einst in dem Wohnwagen lagen, ein Hirschbeutel, ein Fön, ein Wasserkessel, ein Toaster, ein Wecker made in GDR. Damals muss es gewesen sein, als es anders war als heute. Steimle streicht mit der Hand noch einmal über das Blech des Nagetusch. Dann steigt er in seinen Wartburg, weiter geht's nach Nischwitz. Der Ort ist bekannt für Kunst und Würstchen. Ja, hier wohnte einst der Großvater vom Beutebildersammler Gurlitt und beim »Fleescher wärn dä Wärschdeln dä Gurschel nundor gewurgsd«. Das sagt Uwe Steimle und meint, dass es endlich was zu Essen gibt. Würstchen vom Fleischer schluckt er die Speiseröhre herunter.

Gut gestärkt, ist halb gewonnen. Steimle steuert seinen Wagen Richtung Torgau. Auf halbem Weg muss er halten. Kurz vor Schildau liegt ein Dorf, und in dem Dorf liegt ein Feldweg mit Namen SED-Weg. Schilderbürgerstreich? Da muss der Weltreisende fragen, warum blieb, was weg ist. Eine Frau auf dem Acker sagt: »Das beruht auf früher.« Freilich. »Da wohnten da oben ein paar Genossen, die warn ganz ... Und so is das geblieben. Hat früher keen gestört, stört heute ooch ni.« Sollen die da oben doch machen, was sie wollen. Die Frau ackert weiter, sie muss säen, wenn sie was ernten will. Vom Sehen wird man nicht satt.

Die Weltstadt Torgau nennt Steimle Stadt mit Erker, sächsisch: Ärger. Das geht schon vor der Apotheke los. Die heißt Mohren-Apotheke, offensichtlich ein Pharmaziegeschäft mit Migrationshintergrund. Da fehlen dem »o« zwei Striche. Denn wer nicht mehr Mohren sagen darf, der löst das Problem mit sächsischer Fischelanz, da setzt es was übers »o«. Jetzt gehen die Torgauer in die Möhren-Apotheke. Ärger hatten sie auch mit Schloss Hartenfels, wo die Bären wohnen. Die bekamen kürzlich ein neues Gehege. Dem Petz mähten die Gärtner den Rasen, damit er es schön hat am Fuße der Burg. Bis zum Jahr 2000 stand das Schloss wie ein Trauermahnmal. Dann fand in Torgau die 2. Sächsische Landesausstellung statt und 26 Millionen Mark halfen, das Denkmal zu sanieren. Die Stadt hatte den Krieg und die DDR überlebt, obwohl dort für die Bauten aus adeliger Zeit der Slogan galt: Ruinen schaffen ohne Waffen. Irgendwie hatte das alte Zentrum Sachsens Glück, denn so recht wagte keiner, das protestantische Nest zu schleifen. Darin lag zu viel Symbol. Luther streifte einst durch die Straßen der Stadt, die sächsischen Kurfürsten schützten den Kirchenreformer. Das Gotteshaus des Schlosses entstand nach seinen Ideen und ist der erste protestantische Kirchenbau Europas. Vom Reformator persönlich geweiht. Der älteste erhaltene Teil des Schlosses stammt aus dem 15. Jahrhundert. Fast 150 Jahre hatten Baumeister an der Residenz gebaut. Hier lebten einst die Ernestiner. Der Wendelstein zählt zu den Höhepunkten der deutschen Baukunst, ein Denkmal als Weltkulturerbe. Spindellos, frei tragend, bezeichnet als unmögliche Treppe. Dornröschen stieg im Defa-Märchenfilm 1970 über die Stufen. Später waren diese 20 Jahre gesperrt. Es drohte der Einsturz. Um sie zu sanieren, trugen Konservatoren die gesamte Treppe ab und bauten sie wieder auf. Freilich.

Schloss Hartenfels an der Elbe in Torgau

Diese Stadt steckt voller Symbole. Der einstige Nabel Sachsens fiel nach den Napoleonischen Kriegen 1815 an Preußen. Schande. Erst mit der Gründung des Freistaates Sachsen kehrte die Stadt in ihre Heimat zurück. Hier ist jeder Weg Geschichte und 2017 wird Torgau wieder Zentrum. Dann feiert Sachsen 500 Jahre Reformation, um Brücken zu schlagen. Doch die alte Torgauer Brücke fehlt. Wie ein lächerlicher alter Steg landete sie auf dem Müllhaufen der Geschichte. Am 25. April 1945 reichten sich hier russische und amerikanische Soldaten die Hände. Ein symbolischer Akt auf der zerstörten Elbequerung. Die alliierten Truppen hatten den deutschen Naziwahnsinn beendet und eine Brücke zwischen den Kontinenten geschlagen. Das Bild ging um die Welt, Torgau wurde berühmt, der Elbeday wird noch heute gefeiert. Deshalb fahren Menschen nach Torgau. Doch die alte sanierungsbedürftige Brücke ist 1993 abgerissen und 100 Meter stromaufwärts ersetzt worden durch eine 30-Millionen DM teure, aber lächerlich gesichtslose Stahlverbundkonstruktion. In den Jahren nach 1990 ging vieles schnell, manches zu schnell. Gnadenlos.

Apropos Gnade. In Moschwig liegt der Gnadenhof. Da stoppt auf dieser ersten Reise Uwe Steimle ein letztes Mal. 70 Jahre alte Papageien sitzen auf Ästen, 40 Jahre alte Pferde grasen, Hunde, Katzen, Schildkröten bekommen hier ihr Gnadenbrot. Hier fanden sie ihre Heimat, Alterswohnsitz mit Himmelsblick. Die Tiere liegen in der Sonne, sie dösen vor sich hin. Und Steimle merkt, wie ihm die Ruhe in die Glieder fährt. »Ich würde gern hierbleiben«, sagt der Weltenbummler. Und der Gnadenhofbetreiber sagt: »Bleiben Sie, wir haben noch Käfige frei.« Freilich.

Tangerhütte … Tangermünde … Angermünde

Station 3

von Uwe Steimles obligatorischem Weltkulturerbe

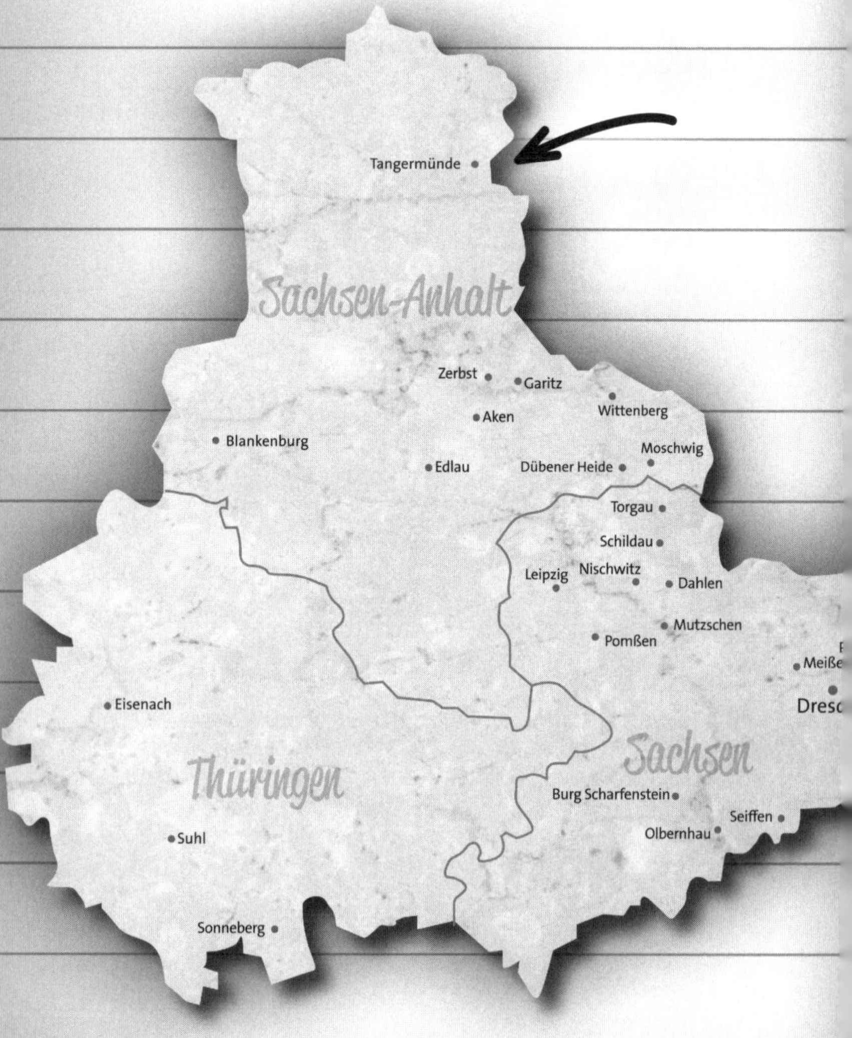

Suchbild in Tangermünde

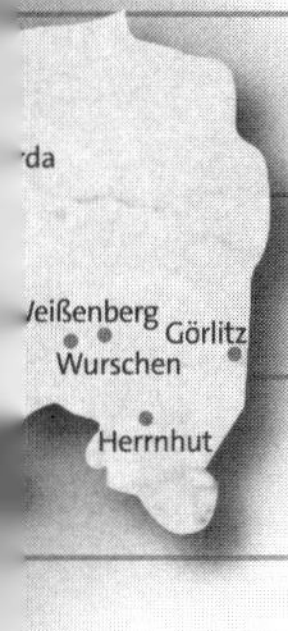

Die einzigartige Vierfruchtmarmelade

Schon bei der Frage, ob der Ort Tangermünde überhaupt auf der Landkarte liegen könnte und wenn ja, dann wo, kommt ein richtscher Sachse ins Grübelschwitzen.

Wo also liegt Tangermünde und weshalb? Vor allem: Was soll ich als Dresdner dort?

24 Stunden fern der Heimat zu sein ist für mich schon eine Zumutung, da fremdle ich längst. Weshalb soll ich in die Ferne reisen, vor meiner Haustür in Dresden ist alles vorhanden.

Will ich Berge sehen, fahre ich auf den Borsberg. Auf den Weißen Hirsch oder in die Pillnitzer oder Radebeuler Weinberge. Manche lachen, mir reichts.

Wenn ich vom Berge weit in die Landschaft guggen möchte, pilgere ich nach ... jetzt dürfen Sie raten ..., genau: nach Wehlen. Von hier aus können Sie außerdem vor dem Guggen oder danach: klettern, kraxeln, hangeln, pofen. Sogar den Lux können Sie beobachten in Ostrau im Gehege, wenn er ihnen denn ins Gehege kommt und nicht vorher das Weite sucht, weil der Maschendrahtzaun ein Loch hat.

Tangermünde, die Stadt, wo die Tanger in die Elbe mündet. Dieser mehr als 1000 Jahre alte Ort liegt auch an der Elbe, wie meine Elbflorenz. Gut: Die Elbe verbindet uns. Weshalb soll ich von Tangermünde erzählen? Ganz einfach: Es gibt einen Sendeauftrag!

»Erzählen Sie Heimat, möglichst spannend, originell und einmalig.«

Genau dazu lädt Angermünde ja ein, Verzeihung Tangermünde.

Burgtor von Tangermünde

»Steimles Welt« soll also auch in der altehrwürdigen Kaiserstadt halten. Hier, an der Peripherie Mitteldeutschlands, wohnen Menschen. Auch diese wollen wahrgenommen werden, im 25. Jahr nach der Kehre.

Was also liegt näher, als fernab meiner Heimatstadt das Fachwerkstädtchen zu erobern. Zauberhaft. Einfach zauberhaft, dieses Städtchen. Zauberhaft.

Und dann endlich fiel mir ein, worüber gesprochen werden muss: über die Vierfruchtmarmelade.

Da die ganze Republik vor 25 Jahren zentralistisch geregelt wurde, galten diese Regeln auch für Marmelade. Allseits gebildete sozialistische Persönlichkeiten sollten natürlich auch einen einheitlichen Geschmack entwickeln.

Übrigens standen in Mühlhausen, in Thüringen, die Kochkessel für das Pflaumenmus der DDR.

Die SED, Sozialistische Einheitsmarmelade Deutschlands, einheitlich wohlschmeckende Zwei-bis Dreifruchtmarmelade für das ganze Land, wurde zentral gerührt in Tangermünde.

Endlich gefunden – die alten Marmeladen-Pappeimer

Meine Mutti sagte, wenn Omis individuell gerührtes Pflaumenmus zur Neige zu gehen drohte: »Uwe, ab in die Kaufhalle, wir brauchen noch was Süßes auf die Schnitten zu schmieren!« So lag Tangermünde für mich im Regal um die Ecke.

Während es im Westen schon Nutella mit ohne Nüsse gab, experimentierten die Genossen der Marmeladenindustrie sogar schon an der Fünffruchtmarmelade, wahrscheinlich zu Ehren des 25. Jahrestages der Republik.

Kirsche, Pflaume, Apfel, Johannisbeere und Birne, das alles zusammengehalten durch Geliermittel in solcher Konsistenz und Stärke, dass meine Oma oft bemerkte: »Die Marmelade läuft nicht wie geschmiert, die musste hacken.«

Ich habe nicht vergessen, wie die Marmelade schmeckte. Was für Früchte drin waren, konnte jedoch am Geschmack niemand erkennen. Ich behaupte, auf dem Etikett der gelben Marmelade waren Pfirsiche, Äpfel, Birnen und Stachelbeeren genannt. Gab es nicht auch rote Marmelade? In meiner Erinnerung ja, aus Äpfeln, Kirschen und Stachelbeeren, oder ...?

Großabnehmer wie Armee, Großbetriebe, Krankenhäuser, Kinderferienlager, Kindergärten und Ferienheime bekamen den Marmeladenhack gleich in riesengroßen Pappeimern geliefert, die, wenn sie leergefuttert waren, als Kohleeimer verwendet wurden. Das ist nachhaltig und sinnvoll, fast schon »Grün«.

Not macht erfinderisch.

Tangermünder Zwei- bis Vierfruchtmarmelade, nischd mit keine Auswahl, konnte wahlweise verwendet werden als Brotaufstrich, Kohleanzünder, bei entsprechender Lagerung auch als Mordinstrument. «Mit dem Zeug kannste och wen erschlagen«, wusste selbst mein Vati zu berichten.

25 Jahre nach der Kehre suche ich nach Spuren dieser so genannten sozialistischen Köstlichkeit.

Und was darf ich Ihnen stolz verkünden? Ja! Es gibt sie noch! Die Erinnerung kann verklärter nicht sein.

Meine Aufgabe als Reisender ist ja, mit einer Art Transmissionsriemen die Gedankenerinnerungswindungen anzuschieben, damit in Gang kommt, was in Gang kommen soll.

Es reizt mich eben doch, die DDR anhand der Vierfruchtmarmelade zu erklären. Andere erzählen, dass prinzipiell und zu jeder Zeit alle DDR-Bürger heim ins Reich BRD wollten ...

Ich, als Überlebender der Wende und als Aktivteilnehmer der friedlichen Revolution, weiß noch genau, welches unser aller Kollektivwunsch in den ersten 4 bis 8 Wochen nach dem 7./8. Oktober war: ein demokratischer und wirklicher Sozialismus mit ohne Vierfruchtmarmelade.

Echte Schweinsohren

Wenn einer Schweinsohren liebt, ist er da schon Vegetarier?

Gibt es Osteopeurose auch im Westen?

Beide Fragen sind zulässig und müssen von mir heute und unbedingt gestellt werden.

Ich werde mit der Eingangsfrage beginnen, schon, weil mir das Essen wichtig ist und weil, wenn ich drüber schreibe, für eine Weile der Appetit gezügelt wird.

Woher bekomme ich heute noch echte, gute Schweinsohren? Welcher deutsche Bäcker hierzulande vermag mir dieses Blätterteiggebäck in eine echte Gaumenfreude zu verwandeln?

Über Schweinsohren vom Bäcker philosophierte ich kürzlich am Erzgebirgsrand mit einer Fleischerin Namens Fischer. Zwischen uns entspann sich sofort ein Dialog, Frau Fischer, die Fleischerin, begriff meine Frage und es sprudelte aus echtem Bauchgefühl die Antwort aus ihr heraus. Es war, als hätte jemand den Stöpsel aus dem Abfluss der Blutwurstwanne gezogen, der jahrelang mit einer dicken Speckgriebe verstopft war.

Die Blutwurstmasse, Verzeihung, die Antwort von Frau Fischer:

»Sie ham völlig recht, Herr Steimle, die Schweinsohren, die ›se‹ (gemeint ist damit ein unfähiger Bäckerersatz) uns heute anbieten, die sind bloß labbrig und muffsch. Die echten und guten …«, und jetzt beschrieb sie mir den Geschmack aus Kindertagen, den wir alle irgendwo in unseren Stirnlappen als Schweinsohrengeschmack versteckt und gespeichert haben, »die richtschen Schweinsohren waren fest und schnurbslich und sie waren immer, also früher im DDR-Unrechtsstaat, wo alles nischd kosten durfte, und es gab ja nischd im SED-Unrechtsverbrecherstaat und erst recht gabs nischd im Erzgebirge«, und hier lachte sie selbst über ihr dialektisch-babylonisches Sprachgewitter, »also die guten Schweinsohren waren doch immer hinten und vorne mit Schock-lade beschmiert.« Es war heraus. Es kam ja Schokolade gleich, was da, als Fettglasur getarnt, Schokolade sein sollte. Aber eben immer hinten und vorn.

Echte Schweinsohren – fest und schnurbslich!

Wir hatten uns wunderbar verstanden. Frau Fischer, die Holde eines französischen Blutwurstritters, und ich waren uns einig. In Steimles, also in meiner Welt, sind echte, gute Schweinsohren Weltkulturerbe.

Jetzt verrate ich Ihnen auch noch, wo es diese noch oder wieder gibt. In Dresden, wo sonst. Bäckerei Gehre, Altnickern.

Ä Traum, wie früher, bloß eben heute.

Leider werden auch im Erzgebirge die echten Bäcker knapp. Ich verkünde hiermit, dass ich dem Haselbacher Bäcker und seinen Semmeln hinterherheule.

Da ich als sächsischer Weltenbummler getarnt bekanntlich niemals Pause habe, besonders dann, wenn ich Schweinsohren aufspüren möchte, betrat ich am 24.3.2015, fünf Minuten vor 18:00 Uhr, einen kleinen Bäckerladen in Pockau und stellte meine Frage: »Haben Sie Schweinsohren?« Die Verkäuferin: »Sehe ich so aus?« Einfach schnurbslich, die Erzgebirgler. Die zweite der gestellten Fragen beantworte ich mit ja.

Steimle auf dem Holzweg

Station 4

von Uwe Steimles obligatorischem Weltkulturerbe

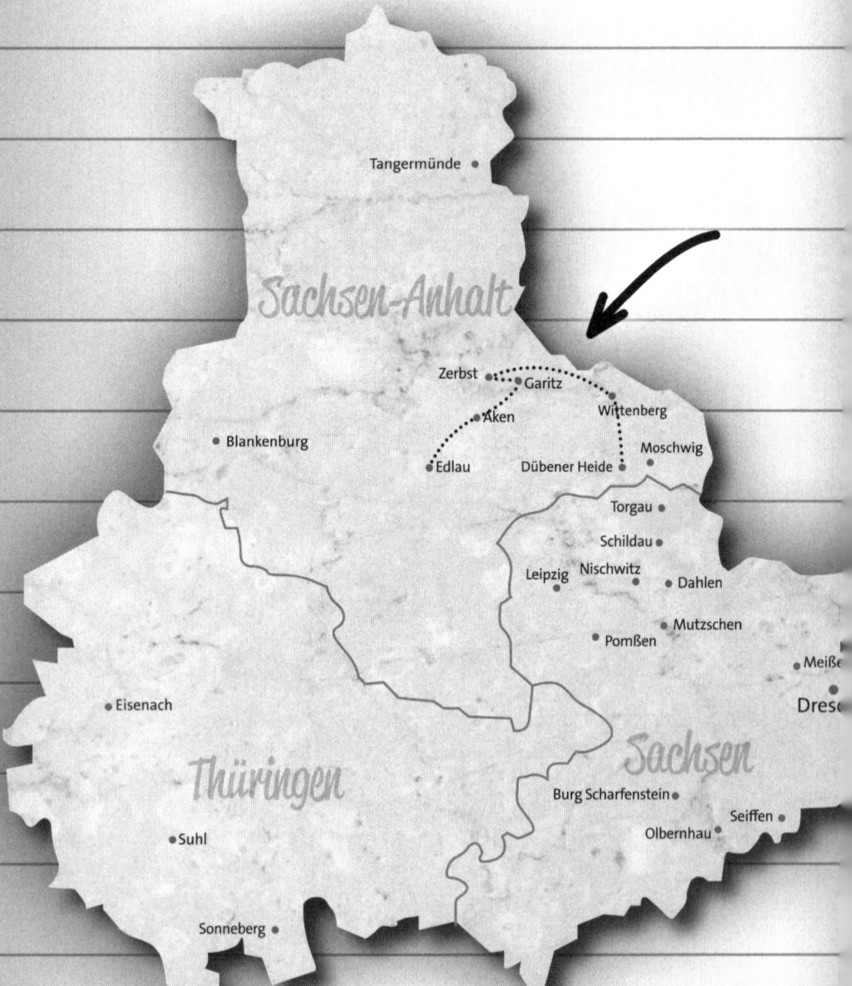

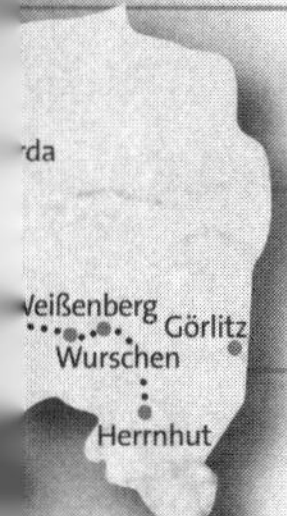

Der schlaflose Köhler, der »in« Kohle macht.

Werte schafft

Es geht um Kohle, richtig viel Kohle. Aber die eine ist nicht wie die andere. Denn der Mensch kann sie im Ofen oder in Banken verheizen. So ist das in der Welt, die einen haben den Beutel, die anderen das Geld. Oder wie der Sachse sagt: Knöbbe, Penunsen, Steine, Eier, Flocken, Lappen, Knete, Heu, Kies, Koks, Schmotter, Schleifen – Euro eben oder Dollar. Wobei hier daran erinnert werden darf, dass der eigentlich aus dem silberreichen Sachsen des 16. Jahrhunderts stammt. Ja, der Taler wanderte nach Amerika aus und wurde dort zum Dollar. Deshalb auch das Lied: Taler, Taler, Du must wandern, von dem einen zu dem andern. Das ist schön, das ist schön, Taler lass Dich ja nicht sehn. Eigentlich ein Kinderspiel, aber leider ist oft am Ende des Geldes immer noch so viel Monat übrig.

Deshalb muss der Mensch arbeiten. So wie der letzte Köhler im Land. Er lebt an der Bundesstraße 2 in der Dübener Heide. Steimle stoppt an dieser Stelle. Der Kohlenmann lugt aus seiner wellverblechten Werkstatt, sieht den Heimatbummler an wie das achte Weltwunder. Dabei ist er das Wunder. Jeder hier kennt Charly, in dessen Ausweis Hans-Joachim Lindner gedruckt steht. Ja, es wird Hans-Joachim Lindner geschrieben, aber Charly gesprochen. So ist das in Eisenhammer kurz vor Wittenberg in Sachsen-Anhalt, wo der Sachse anhält. Charly sagt: »Wissen Sie was, wenn Sie jeden Tag zwölf Stunden durchmachen, da finden Sie keen Schlaf mehr, ja. Und dann wache ich um zwei schon wieder auf, ja. Ohne Wecker.« Dann fällt ihm die Nacht aus dem Gesicht. Nur zwei schwarze Ringe unter den Augen bleiben von der Übernächtigung. Charly sagt: »Da sind Sie früh schon kaputt, wenn Sie auf Arbeit gehen. Das ist mein Problem, ja. Jeden Tag.« Steimle sagt: »Wem sagen Sie das!« Charly: »Ich sage Ihn das, ich. Und ich sage Ihn, ja, dass ich das hier seit 22 Jahren mache und seit 14 Tagen Rentner bin, aber niemanden finde, der das hier übernimmt, das sage ich Ihn, ja!« Keiner will Kohle machen.

Dabei riecht es gut. Den Abzweig von der Bundesstraße zur Köhlerei findet jeder mit geschlossenen Augen. Immer der Nase nach. Kienharziger Geruch leitet zum Ziel. Hier raucht der »Mercedes unter der Holzkohle«. Gibt's doch gar nicht? Doch – bei Charly. Der meint, der Besucher brauche bloß eine Umfrage starten, da bekäme er raus, dass die Leute hier am liebsten seine Kohle verbrennen. Zum Grillen sei seine Ware das einzig Wahre. Und dann sagt er: »Wir machen nur unsere Arbeit, ja.« Stämme von Rotbuchen und Hainbuchen und Birken spaltet der elektrische Keildrücker auf dem Hof hinter der wellverblechten Werkstatt. Die Scheite lassen sich auf dem Förderband in den Meiler schütten, dann schwelen sie 500 Grad plus sieben Tage. Gut Holz will Weile haben. Rauchzeichen lassen auf den Zustand des Brenngutes schließen. Ist der Rauch dick und grau, ist das Holz noch roh; dünner, blauer Rauch zeigt eine gute Verkohlung an. Gute Holzkohle raucht nicht, brennt nicht, weil die flammenbildenden Gase schon bei der Verkohlung entwichen sind.

Der Köhler ist heute König, weil er eine aussterbende Spezies ist. Früher, also ganz früher, im Mittelalter lebten diese Kohlenkerle am Rand der Stadt oder besser am Rande der Gesellschaft. Jemand, der immer brennt, der war den anderen nicht geheuer – ein Ungeheuer mit Brandnarben und ewiger Hitzewelle. Elende Schwarzarbeiter – so schwarz wie die Jacken der Totengräber, schwarz wie das Fell der Ratten, schwarz wie das Gefieder der Unglücksraben.

Der stolze Köhler und sein Gehilfe. Der Gehilfe steht rechts!

Charly nahm sich des Berufes kurz nach dem Mauerfall trotzdem an. Er machte sein Glück. Alle rannten weg, um Westkohle zu scheffeln, er blieb da, um im Osten Kohle zu machen. Viele kamen zurück und er ist immer noch da. »Will sich ja sonst keiner die Hände dreckig machen mit ehrlicher Arbeit, ja.« Aus dem Meiler holt er die Holzkohle, leicht wie Bimsstein. Die Kohle kommt sortiert in den Beutel, wird mit Strick zugeschnürt für die Kundschaft zum Grillen. Das kann keine Bank. Das ist Steimles Welt. Echtes Handwerk mit Tradition.

Überhaupt steckt die Gegend hier voller Geschichte und Geschichten. Nur wenige Kilometer weiter breitet sich Wittenberg in der Ebene zwischen Dübener Heide und dem Fläming aus. Norddeutsches Tiefland mit Altmoränenlandschaft und einer Jahresmitteltemperatur von 8,6 Grad Celsius. Steimle zieht seinen dicken Pulli an, steht da eingepackt wie in Herbstlaub. Er ist angekratzt im Hals. Fühlt sich nicht gut an, da ist was im Anmarsch, fühlt er. Und wenn ein Schauspieler innewendsch was fühlt, dann spürt er die katastrophale Tragödie einer grippalen Anmutung wie einen Tsunami auf sich zutoben. Sein oder Nichtsein, das ist doch längst nicht mehr die Frage, sondern aufgelöst in Endzeitstimmung. Jetzt ein Globuli oder Penicillin, egal was, Hauptsache etwas, was dieses Etwas verscheucht. Ein Tee in Wittenberg mit Käthe zum Beispiel.

Die Dame sitzt als Pappkameradin auf einem Stuhl vor dem Wittenberger Café »Augenschmaus«. Der Heimatbummler Steimle setzt sich an ihren Tisch, grüßt höflich, nennt die Cafè-Werbemadame Frau Luther. Sie schweigt aus ihrem Pappmund. Die Lutherin ließ sich übrigens von ihrem Gatten tatsächlich Käthe kosenamen. Sie hieß aber eigentlich Katherina von Bora, eine ehemalige Zisterzienserin, Modell für Cranach und ziemlich forsch. Denn mit 24 Jahren floh sie in der Nacht vom 4. auf den 5. April 1523 gemeinsam mit acht Leidensgenossinnen aus dem Zisterzienserinnenkloster Nimbschen in der Nähe von Leipzig. Sie flüchtete vor Ausgangs- und Sprechverbot, einem spartanischen Leben, das Gespräche mit Besuchern nur unter Aufsicht durch vergitterte Fenster zuließ. Sie war Nonne, abgegeben in dem Kloster von ihrer Familie schon im Kindesalter, entsorgt, um den Kostgänger loszuwerden, ein unfeiner Akt des Ablasses. Die Flucht hätte ihr Ende bedeuten können, denn Herzog Georg, Herrscher im albertinischen Sachsen, hatte dafür und für Helfershelfer die Todesstrafe festgelegt. Dennoch halfen drei Männer aus Torgau, darunter der Pfarrer, organisierten einen Planwagen. Mit ihm gelangte die Nonne in die Elbestadt im Reich Friedrichs des Weisen, Kurfürst von Sachsen, wo sie unbehelligt blieb.

Hier lernte sie Luther kennen, den sie zutiefst verehrte. Nicht zuletzt seine Schriften waren es, die sie zur Flucht verleiteten. Doch ihn zu heiraten, das schien unmöglich. Geflohene Nonnen galten gemeinhin als Mönchhuren. Eine Hure und ein Ketzer in einem Bett, was Besseres konnte es für Tratsch und Klatsch und Sünde nicht geben. Aber Martin Luther sah nicht die Nonne, er sah eine Frau, die sich von unsinnigen Gelübden und weltfremder Selbstkasteiung befreit hatte. Sie stand nach seinem Sinn. Er kümmerte sich um Katherina, brachte sie in der Familie seines Freundes

Lucas Cranach unter. Sie wurde Modell eines seiner berühmtesten Bilder. Und Katherina fragte Luther daraufhin, ob er sie heiraten wolle. Ungewöhnlich für die Zeit, aber nur so gewann sie ihn. Nach der Hochzeit sprach der Mann noch von verhaltener Zuneigung, später von großer, inniger Liebe. Angeblich war Luther bei allen sechs Niederkünften seiner Frau in ihrer Nähe. Käthe übernahm Haus, Hof und Garten wie eine moderne Home-Managerin, vermietete in schlechten Zeiten Zimmer an Studenten, die manches von Luther überlieferten, stand ihm bei, wenn der Geistkopf mal wieder Probleme wälzte oder ihn Krankheiten quälten. Ein Mann ist immer nur so stark wie seine Frau. Das könnte die elfte These Luthers sein.

2017 feiert Sachsen die Reformation und Wittenberg schmückt sich bereits feierlich. Des Reformators Bild hängt am Turm und über ihm die Buchstaben: Am Anfang war das Wort. »Sachsen«, sagt Steimle mit Freude, »ist das Kernland der Protestanten. Und darin steckt das Wort Protest, aber auch das Wort Tanten.« Ein Sachse kann warten, er liebt die Geduld, er lässt mit sich machen, was sich machen lässt, aber wenn es ihm zu viel wird, da macht er nicht mehr mit und das mit aller Macht. Protest ist ihm angeboren wie anderen der Karneval. Hier darf gemurrt werden, wenn der Ablass zu teuer wird. Das gab Luther seinen Nachfahren mit auf den Weg. Sie danken es ihm und wehren sich gegen zu viel Unsinn. Manchmal suchen sie sich auch eine Nische und muddeln vor sich hin.

So wie Herr Sommer in Zerbst. Steimle stoppt vor seinem Garten. Holzfiguren so groß wie Bäume stehen stramm auf der Wiese. Und der Hausherr lacht über den Zaun. Er ist der Schöpfer der Riesenwesen. 1959 zog der 79-Jährige hierher, lehrte Schüler jahrelang die Mathematik und folgte in der Freizeit seinem Tick: Bilder aus Stämmen hauen. Der Sohn eines Tischlers weiß Holz zu schlagen, Gesichter holt er hinter der Rinde hervor. Wie auf der Osterinsel hocken Figuren zwischen Grün. Sommer reiste nie weg aus Zerbst, er holte sich die Welt in seinen Garten. Alles gut berechnet und doch so, als

Bewachte Gespräche über'n Gartenzaun.
In Zerbst bei Herrn Sommer (mit Baskenmütze)

wäre es von der Natur gegeben. Zartes trifft Grobes, Ecken die Rundungen, Gerades passt sich an Schräges an. Eine Geometrie der Kunst und künstlerische Geometrie zugleich. Horst Sommer schnitzte auch Figuren für andere, so zum Beispiel Deutschlands größte Weihnachtskrippe für die romanische Dorfkirche in Polenzko. Da stehen überdimensional Joseph, Maria, das Kind und die Hirten. Hallelujah! Eine Weihnachtskirche für das ganze Jahr. So etwas schafft ein Lehrer nach der Schulzeit, setzt sich und den Zerbstern ein Denkmal. Da sage noch einer, nur Holz würde arbeiten.

Uwe Steimle verbeugt sich vor so viel Größe, er verlässt das Gartentor, aber er kommt nicht weiter, denn es flitzt ein schnittiges Cabrio vorbei, ein DKW, ein deutscher Kleinwagen. Und wer hat ihn erfunden? Der Sachse. Aber nicht nur das. Das Auto trägt eine Karosse von Gläser, feinstes Motorkleid aus Dresden. Und noch ein DKW folgt, gleich in der Nähe findet eine Fahrt der automobilen Historie statt. Überraschung. Steimle ist nicht mehr zu bremsen. Er winkt jedem Fahrer zu, er ruft: »Das is meine Welt.« Der Autonarr schwingt sich in seinen Wartburg, fährt den anderen hinterher bis nach Garitz – und dann offenbart sich auf einer Wiese ein Oldtimer-Eldorado des Deutschen DKW-Clubs, ein Treffen zum 38. Mal.

Einige der Fahrzeuge tragen die berühmten Gläserkleider. Die meisten Wagen mit der Edelkarosse besitzt übrigens ein Radebeuler. Wenn einer ihn freundlich bittet, dann setzt er sich hinter's Steuer und lässt in der

Ein DKW in Zerbst!
Und ein Uwe außer Rand und Band!

heimatlichen Garage den Motor an. Hinter dem Kühler eines Opel 6 Zweiliter Cabrio Baujahr 1934 fliegen sechs Kolben hoch, runter, hoch, runter, hoch. Auf der Haube steht ein Zwei-Euro-Stück. Es fällt nicht um. Nichts vibriert. Der Motor surrt. Der Opel wartet, dass sein Besitzer ihn rauslässt. Eine Runde durch Radebeul und zurück in die Garage. Siegfried Rüdiger fährt die Karosse spazieren, wie andere mit ihrem Hund Gassi gehen. So ein Vierräder muss in Bewegung bleiben, sonst rostet er ein. Die Rüdigers besitzen nicht nur den einen Opel-Oldtimer, sondern die Garage steht voll. Wie viele es wirklich sind, weiß allein der Sammler, der schweigt und genießt. Monika Rüdiger fährt mit ihren Fingern zart über den schwarzen Kotflügel des Super Sechs, dann holt sie ein Tuch, wienert eine Stelle. Da hat einer mit der Hand draufgegriffen und irgendetwas hinterlassen, was da nicht hingehört. Ihr Mann baute all die Autos aus Schrott wieder auf. Monatelang verschwand er in der Garage, um aus den Resten historischer Mobilität fahrbare Träume zu basteln. Von dem Opel Zweiliter Cabrio war nicht mehr viel übrig als ein Fahrgestell und das Heck. Der Rest des fahrbaren Untersatzes stimmte mit dem Original nicht überein, rostete in einer Scheune in Polen vor sich hin. Der 70-Jährige holte das Auto nach Radebeul und ins Leben zurück. Dabei war das nicht einfach, denn die Karosse bestand nicht aus irgendeinem gestanzten Blech von der Stange, sondern wurde von Handwerkern gefertigt, die Sinn für Design besaßen. Alles geschwungene Eleganz. Siegfried Rüdiger sagt: »Das originale Blech stammt aus einer Werkhalle in Dresden, von Gläser.« Eine Legende von Unternehmen, das nicht einfach nur Autoaufbauten herstellte, sondern Herrenzimmer auf Rädern. S-Klasse-Wagen als Statussymbol. Reichspräsident Hindenburg ließ sich mit einem Gläser kutschieren, und viel später, als eine der DDR-Autofabriken Sachsenring hieß, gab Ministerpräsident Willi Stoph eine Staatskarosse bei Gläser in Auftrag.

Rüdigers Lieblingswagen heißt Kapitän, schwarz, Baujahr 1939. Vorn eine martialische Schnauze, aber der Rest lässig rund. Die Tradition des Kutschenbaus ist noch bestens zu sehen. Die Geschichte von Gläser begann immerhin 1864. Auf der Rampischen Straße 6, in unmittelbarer Nähe zur Frauenkirche, startete Sattlermeister Carl Heinrich Gläser sein Unternehmen. Er baute luxuriöse Kutschen und Schlitten für wohlhabende Dresdner. Bereits ein Jahr später erhielt er einen Auftrag vom Königlichen Ober-Stallamt zur Fertigung eines Coupés. 1870 bekam Gläser das Prädikat Königlicher Hofwagenbauer verliehen. Ab 1884 bezog Gläser die Rohbauten von dem Schmiedemeister und Wagenbauer Friedrich August Emil Heuer aus Radeberg, der 1898 Mitinhaber der Firma »Königliche Hofwagenfabrik Heinrich Gläser« wurde. Sein in Familienhand fortgeführter Betrieb in Radeberg blieb bis Anfang der 1930er-Jahre eigenständig und fungierte unter anderem weiterhin als Zulieferbetrieb des Dresdner Unternehmens. Im Sommer 1903 zog sich Heinrich Gläser aus dem Unternehmen zurück. Am 5. Dezember desselben Jahres starb der Firmengründer im Alter von 72 Jahren.

Heuer übernahm – und der Bau von Karossen für Automobile startete. Die Marke Gläser blieb erhalten. Heuer begann mit einem Phaeton. Ja, was heute VW als Luxusoberklasse vor allem in China bestens verkauft, gab es schon einmal in Dresden. Denn bei einem Phaetonaufbau handelte es sich um nichts weiter als einen offenen Tourenwagen mit zwei oder vier Türen und Platz für vier bis sechs Passagiere. Der heutige Phaeton ist also gar keiner. Vielleicht dachten die Gründer der Manufaktur an die Geschichte von Gläser, denn sie nannten die Fabrik ja gläserne Manufaktur. Aber vermutlich schauen moderne Automobilbauer gar nicht so weit in die Geschichte.

Bei Gläser jedenfalls füllten sich die Auftragsbücher so, dass das Unternehmen 1913 in die Dresdner Johannstadt auf die Arnoldstraße 16-24 umziehen musste. Der Platz in der Innenstadt reichte nicht mehr aus für eine Fabrik, die zu ihren Hochzeiten bis zu 2.000 Arbeiter beschäftigte. Fast alle großen Automobilhersteller wie Maybach, Horch, Steyr, Wanderer und Ford ließen ihre Fahrgestelle als Einzel- oder Kleinserienfertigung mit Gläser-Karosserien versehen. Nach der Weltwirtschaftskrise kam in den 1930er-Jahren der große Aufschwung. Unter anderem gaben BMW, NSU/FIAT, Hanomag und Opel Cabriolet-Karosserien für ihre Fahrgestelle in Auftrag. Gebaut wurden vorzugsweise edle Sport- und Luxus-Cabriolets. Das Unternehmen avancierte in den 1930er-Jahren zu einem der renommiertesten deutschen Carrossiers.

Nach 1945 teilte sich das Unternehmen. Wie das Land. In der Oberpfalz gründete sich die »Erich Heuer Karosseriefabrik« (früher Gläserkarosserie-Dresden). Es entstanden Karossen für Porsche, aber dann war Schluss. In Dresden und Radeberg begann 1949 die Wiederaufnahme der Karosserie-Serienfertigung für den IFA F8. Ab 1953 firmierte das Unternehmen als »VEB Karosseriewerke Dresden« (KWD). Heute noch stehen Autofans mit glasigen Augen vor den legendären Wartburg-311-Cabriolets. Allerdings die letzten edlen Wagen, die auf die Tradition von Gläser zurückgehen. Dresden war bis dahin das Zentrum des automobilen Luxus.

»Ich habe die Leidenschaft für die Autos von meinem Vater übernommen«, sagt Siegfried Rüdiger, der

Vom 4. bis zum 7. September 2014 fand in Dresden das 3. Gläser-Treffen statt

eigentlich Glasermeister ist und den größten Teil seines Arbeitslebens eine private Glaserei führte. In der Freizeit, nachts und am Wochenende, schraubte er an alten Autos rum. Zu DDR-Zeiten besaß er vier Opel-Admiral. »Den ersten kaufte ich 1969 von der DHZ, der Deutschen Handelszentrale, die alle möglichen Autos verhökerte. Ich hatte dort die älteste Bestellung liegen und bekam den Admiral für 7.000 DDR-Mark«, sagt der 71-Jährige. Und mit den Opel-Modellen kam die Leidenschaft für Gläser, der insbesondere in den 1930er-Jahren für Opel die schönsten Cabrios baute. 2007 organisierte Monika Rüdiger das erste Gläser-Treffen. Durch Sachsen fuhren 60 der geschwungenen Wagen, die BMWs, Horchs,

Wartburgs und Opels. »Als wir vor der Frauenkirche standen, auf dem Neumarkt, das war ein erhebendes Gefühl«, sagt die 70-Jährige. »Denn wir standen an jener Stelle, wo das Unternehmen Gläser einst gegründet wurde.« Ein Jahr lang bereitete sie die große Ausfahrt vor. Im September 2014, zum 150. Jubiläum, fand das 3. Internationale Gläser-Treffen in Dresden statt.

Steimle freut sich über so viel Autogeschichte. Die DKW-Fahrer zeigen dem Schauspieler jedes Detail der Zweizylinder-Zweitakter, 20 PS, von Null auf Hundert in drei Tagen. Jedes Stück ein Stück sächsische Qualitätsarbeit. Dann rollt der Dresdner weiter nach Aken, wo ihn eine Gierfähre über die Elbe trägt. Wie ein Matrose steht er auf dem Deck, hält Ausschau übers Wasser. Kein Geräusch stört, der Strom schiebt das Schiff von Ufer zu Ufer, ee ma rieber und wieder nieber. Der

Auf der Elbfähre in Aken – einfach nur guggen!

Fährmann sagt: »Da, wo wir hinwollen, müssen wir gegen den Strom halten.« Steimle sagt: »Der Fährschein ersetzt das Bewusstein.«

Die Fahrt geht weiter nach Edlau. Da wohnt ein Mann, den der Schauspieler dringend braucht. Helmut Göldner bringt Menschen Filme ins Dorf oder die Stadt. Vor 55 Jahren fing er an, 15 Jahre jung war er da und legte das Zelluloid in die Spulen, knipste das Licht an und verwandelte Tanzsäle in Kinos, Lichtungen in Lichtspielplätze oder Märkte in Filmtheater. Göldner trug bewegte Bilder in die Landschaft von Sachsen-Anhalt. Wie andere Zirkus spielen, führte er Filme vor, ein Leinwandartist. 1989 schien schon einmal sein Gewerbe am Ende. Wer wollte schon in der Sächsischen Schweiz oder an der Ostsee wie die Großeltern Streifen von einem dahergelaufenen Kinogesellen sehen? Man wollte. Denn die kleinen Kinos in den kleinen Städten schlossen eins nach dem anderen. Helmut Göldner erzählt, wie sein Geschäft lief. Er brachte die Hollywoodhelden in die Provinz, baute sogar ein Autokino und lebte nicht schlecht.

In seinem Haus und der dahinterliegenden Scheune stehen seine Vorführgeräte, die meisten made in Tschechien. Zuverlässiges Material, sagt der Mann. Er muss es wissen, er hat die Geräte benutzt, sie mit dem Auto übers Land geschleppt, aufgebaut, Filme abgerasselt, abgebaut, weitergezogen. Manchmal kamen 20 Zuschauer, manchmal über 1000. So wie im Sommer in Chemnitz, als er »Sushi in Suhl« zeigte. Und als Hel-

mut Göldner merkt, dass da der Hauptdarsteller vor ihm steht, wird ihm ganz merkwürdig zumute. So oft kommt es nicht vor, dass einer von der Leinwand zu ihm heruntersteigt.

Jetzt aber scheint das Licht auszugehen, Internet und Digitalfilme nehmen dem Mann die Lebensgrundlage. Sein Material staubt ein in der Scheune, es stapelt sich zur letzten Vorstellung. Aber noch atmet Göldner den Staub zwischen Lampe und Leinwand, noch gibt er nicht auf, sondern reist mit seinen Filmen zu den Zuschauern. Aber er gehört zu den letzten seiner Art. Mobiles Kino gehört in die Mottenkiste. Steimle sieht kein Happyend. Aber manchmal sind das die schönsten Geschichten. Schließlich wird da nicht abgeblendet, sondern weitergedacht. Vielleicht gibt es ja mal einen Film über einen Filmvorführer. Der Heimatbummler Steimle weiß, wer der Held des Drehbuchs sein kann. Er hat ihn getroffen. Jetzt geht das Licht aus. Der Abend geht schlafen. Nur der Köhler wacht. Gute Nacht.

Mit Helmut Göldner in der Scheune – Film ab!

Tri Tra Trullala

Station 5

von Uwe Steimles obligatorischem Weltkulturerbe

Wo der Hohnsteiner Kasper zu Hause ist

Im Kasperhaus, da ist ein Kasper zu Hause.

Wunder müssen wir uns nur wünschen, dann passieren diese auch.

Im malerischen Ort Hohnstein wohnt ein 89-jähriger Puppenkasperschnitzer, der schnitzt seit nunmehr 75 Jahren täglich 5 bis 6 Kasperköpfe.

Als ich ihn frage, ob das nicht langweilig sei, immer nur Kasperköppe zu schnitzen, flüstert er mir zu, aber so, dass es auch alle fertig geschnitzten Kasper hören können: »Langweilig? Aber nein, es sieht doch jeder anders aus.« Seine freundlich blauen Funkelaugen lächeln mich mit bübisch frechem Kasperblick an, unmissverständlich wird mir klar, hier hat ein Mensch sein Lebensglück gefunden. Hier steht einer im unsichtbaren Dienst seiner Majestät, dem wahren Herrscher über alle Könige und Weltenreiche. Ich behaupte, dass seine »Mission« schon erfüllt war, als der erste Kasper aus weichem Lindenholz hervorgeholt in die Welt sah.

Wenn einer 75 Jahre lang, tagtäglich fünf oder sechs Kasper zum Leben erweckt, dann macht das sage und schreibe ... rechnen Sie selbst! Berechnungen spielen im Leben dieses Wunderschnitzers eh keine Rolle und auf meine Frage nach den Stückzahlen der von ihm erweckter Prinzessinnen-, Jäger- und Kasperköpfe zuckt er lediglich seine Schultern und nuschelt ein: »Viele, viele«.

Einer, der mit 89 Jahren noch täglich fünf bis sechs Holzköpfe schnitzt, hat nach meiner Meinung große Chancen, 90 zu werden, und auch dann wird er täglich schnitzen.

Die beiden wichtigsten Tage deines Lebens sind der Tag, an dem du geboren wurdest, und der Tag, an dem du herausfindest, WARUM! (Mark Twain)

Arbeiten macht high. Des Meisterschnitzers Sohn ist stolz auf seinen Vater: »Mein Vater kann das Schnitzen nicht lassen. Auch an den Sonntagen, an denen wir ausschlafen wollen, höre ich es morgens gegen halb acht schon hämmern. Der Vater will immer zu den Kaspern. Es stimmt, jeder meiner Kasperbrüder sieht anders aus, aber alle sehen ein bisschen aus wie mein Vater. Ohne seine Arbeit wäre mein Erzeuger längst tot.«

Jetzt zitiere ich unseren Nationaldichter Friedrich Schiller: »Der Mensch spielt nur, wo er in voller Bedeutung des Wortes Mensch ist, und er ist nur da ganz Mensch, wo er spielt.« Und ich ergänze: ... oder wo er ein Spielzeug für andere schafft. Schiller oder ich, alles dasselbe.

Ich bin dankbar dafür, dass ich Gerhard Berger kennenlernen durfte. Einen sichtbaren Meister, der dem Unsichtbaren dient. Ich wünsche allen Kindern und allen Erwachsenen so einen Kasper. Mit einem Kasper, einer Prinzessin, einem Räuber oder einer Großmutter können wir uns doch alle allein, zu zweit oder auch heimlich gut unterhalten.

Für alle, die mit dem Hohnsteiner Puppenkasper nichts anfangen können, noch etwas Geschichte.

Max Jacob hieß der Schöpfer. Er schrieb die Geschichten und entwarf sämtliche Figuren. Diese brachten auch zu DDR-Zeiten echtes Geld in die klammen Kassen des Staates. Ist das nicht herrlich: Wenn er Devisen bringt, darf selbst ein Kasper das Land verlassen. »Wem gehören Devisen? Devisen gehören dem Grafen.« Sie wissen schon, der gestiefelte Kater war sozusagen der Ur-Schalck-Go........

So wurden aus DDR-Kaspern eben West-Kasper.

Übrigens: Kasper ist eine Nebenform von Kaspar, mittelalterlich Casparus, dem legendären Namen eines der Heiligen Drei Könige aus dem Morgenland, der gern als Mohr daher kam. Ist es nicht wunderbar, dass unser weitläufiger Verwandter vor Christus kniete, ihm womöglich sogar Gold überreichte, erst dreihundert Jahre nach Christi Geburt dazuerfunden wurde?

Jaja, Holzauge sei wachsam.

Nicht immer war der Kasper ein König, auch als Sterndeuter, Magier oder gar als Zauberer war er unterwegs. In Hohnstein ist der Kasper wieder ein König, jetzt im Kasperhaus.

Irgendwie haben sowieso alle ein Ding an der Klatsche – apropos Klatsche: Eine solche hat auch Kasper vorzuweisen, er führt sie immer mit sich. Klatsche steht für Schlagstock, englisch für Slapstick. So, und jetzt schließt sich der Kreis, für mich jedenfalls.

Ich nenne es göttlich, dass aus weichem Lindenholz ein Kasper geschnitzt werden kann, sogar einer der Heiligen Drei Könige.

Mein König heißt Gerhard Berger.

Mein Dialekt ist meine Welt

Durschrückenfilee? Wohin soll ich durchrücken? Ach nein, meine sächsische Gehirnhälfte war wieder schneller als die hochdeutsche.

Dorschrückenfilet, ja, jetzt verstand ich, ich befand mich in einer Fischgaststätte.

Vieles klingt im Sächsischen ähnlich, ja fast identisch, aber ungefähr ist eben nicht dasselbe. Beispiel gefällig für eine sächsische Sprachirrtümelei?

Eine geradezu phonetische Kostbarkeit, ein Ohrenschmaus ersten Grades ist das schöne Wort Pflaumenkuchen. Auch wenn der Sachse an sich breed und gemütlich redet, so richtisch Zeit nimmt sich der Sachse dabei nicht. Durch schnell dahin genuschelte Pflaumen werden aus diesen dann Flammen oder auch Flamm-mm.

So kann es Ihnen passieren, dass Sie der Bäcker abserviert. Mit »hammer ni, Flammkuchen gibt es beim Asiaten eine Tür weiter, der bäckt Ihnen feinsten französischen Flammkuchen, mit allem drauf, was Sie sich wünschen, och mit Oberdschienen und Zudschinies drauf, und gerne auch in die Assiette packt Ihnen das der Asiate. Alles kann der inzwischen. Bloß nicht sächsisch und keenen Pflaumenkuchen.«

Richtig: Ihre gut geschulten sächsischen Ohren haben auch gleich noch übersetzt und das eingedeutschte Gemüse erkannt. Auberginen und Zuchini. Was bin ich froh, dass wir der einzige Volksstamm sind, der keinen Dialekt hat! Wir pflegen sächsisch, zelebrieren den Gebrauch unserer Sprache mit dem Ziel, dass uns bald gar keiner mehr verstehen möge. Dann hätten wir es geschafft.

Mein Lieblingsthema sind Bäcker, Bäcker, nochmals Bäcker. Ich bin der semmelblonde Uwe – und seit ich lebe, Semmeln und Kuchen esse, künden Dialoge in diesen Lebensbackstuben vom großherzigen Erdendasein und Miteinander der Kunden und Bäcker – und ich entdecke liebgeworden aufgegangene Sprachhefe.

Auf meine Frage, weshalb Brötchen im Oktober »Frühlingsbrötchen« heißen, bekam ich Antwort aus einem sauerteigverformten Gesicht, altbacken und vertrocknet und mir unmissverständlich klarmachend, wer von uns Beiden bekloppt sei. »Die Frühlingsbrötchen heißen Frühlingsbrötchen, weil da Möhren drin sind.«

Logisch. Klar. Diesen Reim mit den Möhrn hätte ich mir selbst zusammenmährn können. Ich gab mich geschlagen, denn immerhin sind Möhren ja keine Frühlingsingredenzien, aber sie halten sich bis in den Frühling frisch, da sie der Bäcker als Frühlingsgemüse neinmährn kann, die Möhrn.

Neulich beim Bäcker, wo sonst, ertappte ich mich, einen runden Quarkkuchen erspähend, dass es mich nach Süßem lechzte. Besagter Kuchen lud auch optisch dazu ein, dass mein Körper ihn dankbar annehmen würde. Also entschloss ich mich, freundlich an das Verkaufspersonal wendend: »Ein Viertel bitte.« Ein »Bitte?« bellte diese die Prüffrage zurück. Ich wiederholte, dass ich bitte ein Viertel vom Quarkkuchen kaufen möchte. Und jawohl, kaum hatte ich bestellt, schnitt die Verkäuferin ein größeres Stück vom Kuchen ab. Ich traute meinen Augen nicht, noch an ein Missverständnis glaubend, präzisierte ich: »Nein, nein, nicht drei Stück, ich möchte ein Viertel, bitte.«

Und nun passierte etwas, mit dem ich das letzte Mal vor 25 Jahren konfrontiert worden war, als im Arbeiter- und Bauernstaat noch das Volk das Sagen hatte, zumindest das Volk hinter der Theke, wenn es mal etwas zu kaufen gab ... Und lass es meinetwegen einen runden Quarkkuchen gewesen sein.

Die Verkäuferin schaute mich an, als hätte ich Vater und Mutter erschlagen, ließ nach einem tiefen Seufzer das Messer aus der Hand gleiten und donnerte mich an:

Uwe mit eigegniedschdn Gesichte

»Herr Steimle, ich wer doch jetzt weschen Ihnen nicht aus vierzehn Stückeln zwölfe machen.«

Mir blieb die Spucke weg, ich verrate ihnen aber, dass ich ja nicht der Erste war, der den Kuchenstückenschwindel bemerkte. Die Antwort gibt es in dieser Bäckerei standardmäßig. Nach Wut kam die Erkenntnis. Ich bin endlich angekommen in der Steueroase BRD.

Schon lange hege ich den Verdacht: Es ändern sich zwar die Systeme, aber nicht die Menschen.

Der Sachse mag es, die Sprachsprechleistung betreffend, gerne doppelbödig, hinterlistig, bisweilen auch mal unverschämt. Ich hätte abschließend noch ein schönes Beispiel.

Ein mir gut bekannter Kabarettkollege bekommt von seiner Liebsten einen Einkaufszettel in die Hand serviert und betritt mit diesem den Fleischerladen, um die ihm aufgetragene Bestellung loszuwerden. Erst stutzt er, liest aber dann recht flüssig die Handschrift der Frau und verlangt: »Ein großes Stück bitte sehr von der Romantikasalami.« Wurststück abgeschnitten und gewogen, mein Kabarettkollege ist erleichtert, glaubt sich auf der Zielgeraden und erkundigt sich, oder sagen wir, er wagt zu fragen: wieso die Romantikasalami Romantikasalami heißt.

Das gleiche Procedere wie beim Bäcker. Hinter der Ladentafel steht eine schlagfertige Fachverkäuferin für Fleisch-und Wurstwaren, geschult im DDR-Unrechtsstaat an Schlack-und Cervelatwurst. Sie donnert ein »Bitte?« zurück, das für ein »Wie bitte?« steht, und zwingt den Einkaufszettelbesitzer seine Frage zu wiederholen, weshalb die Romantikasalami ...

Die Verkäuferin antwortet kurz und knapp: »Nu, da müssen Sie die Wurst mal mit ins Bette nehmen. Wunderbar. Eins a mit Schmackes.«

So geht Sächsisch. Das ist Steimles Welt.

Danke für das Lesen.

Ein kleiner Nachtragsanhang: Was meinen Sie, könnten Dnöbbe sein?

Richtig. Dnöbbe sind in Sachsen wahlweise Knöpfe, aber auch kleine Kinder können gemeint sein. Und ist der Sachse müde, fallen ihm die Dnöbbe zu, hochdeutsch: fallen ihm die Augen zu. Träumt er gleich darauf vom Portmonee aus Zwiebelleder, richtig, muss der Sachse weinen, denn im Portmonee sind keine Dnöbbe mehr, Geld ist futschikado.

Ist das nicht herrlich? Sie sind Zeugen der Vierfachbedeutung eines Wortes. Das ist Weltniveau, das ist Ökonomie der Sprache. Und dann gibt es Verantwortliche des Öffentlichen Rundfunks, die wagen uns zu fragen, ob Dialekt noch zeitgemäß sei.

Wer lange genug altmodisch bleibt, wird irgendwann wieder modern. Es käme außerdem niemand auf die Idee, dero Fragen einem Bayern oder Schwaben zu stellen. Sagt der Bayer: »Mia san mia«, antwortet der Sachse: »Nu, mir oh.«

Falls Sie das nicht verstanden haben, habe ich noch ein Beispiel aus dem großen Amerika. Was rief Obama an der Siegessäule in Berlin 2008? Genau: »Yes, we can.« Was antwortet der Sachse? Richtig, er antwortet: »Nu, mir oh.«

Tja, das ist nicht nur Dialekt, das ist sogar Dialektik. Die Einheit der Widersprüche ist das. Wenn Studierte und Überstudierte, also Besserwisser und Experten, ellenlange Erklärungsversuche brauchen, um Arbeitnehmern klarzumachen, dass sie natürlich und auf jeden Fall ausgebeutet werden müssen, damit Fortschritt und Wachstum für den Arbeitgeber nicht in Gefahr geraten, zieht sich der sächsische Dialektiker in seinen Schutzraum Dialekt zurück. Aus diesem Reservat für Eigenbrötler beobachtet er die Welt.

»Hädsch Fonds … müsste ich nie mehr arbeiten gehen.«

Auf einer meiner letzten Reisen entdeckte ich in Singapur eine gastronomische Einrichtung namens »Haxnhaus Ess Miralda – Original German food« .

Ich war überzeugt, »Ess« stand für die Aufforderung: »Ess Miralda, ess …!«

Kaum hatte ich meine geistige Hirnwanderung verdaut, hörte ich zwei Straßen weiter ein deutsches Ehepaar fachsimpeln, beim Anblick von »Kalifornia-Pizza«. »Gucke ma, Günther, Italiener ham se hier oh.«

Herr Täuberich

Station 6

von Uwe Steimles obligatorischem Weltkulturerbe

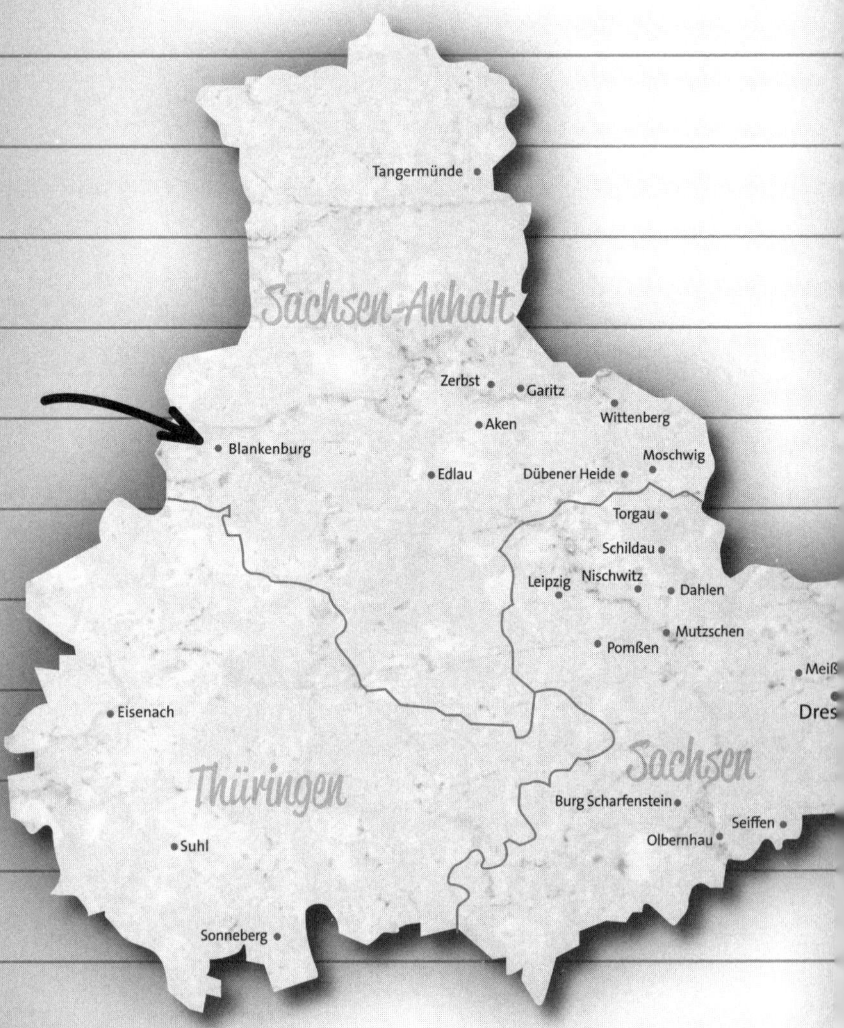

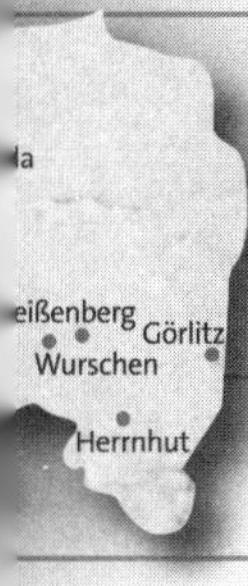

Tauben für den Frieden

In Blankenburg steht Herr Braun mit blank geputzten Augen vor seiner Burg.

Hier am Fuße des Harzes lebt er mit seinen gefiederten Gesellen.

Einhundert Flugobjekte, von denen manchmal auch eines im Kochtopf landet. Herr Braun gibt das auch gleich zu: Wer die hohen Anforderungen in der Leistungsgesellschaft nicht erfüllen kann, dessen letzte Möglichkeit bleibt, mit letztmalig stolz geschwellter Brust aus der Brühe dem Kranken nach fiebrig durchlittener Nacht Kraft zu spenden, damit die Brust des

Uwe mit Herrn Braun – dem König der Tauben

Kranken sich wieder kräftig hebt und senkt und Leben verkündet. Ja, Herr Braun schwört auf eine magere Brühe vom Täubchen. Sie ist gleichzeitig Krankenkost und die Delikatesse des Hauses.

Ohne meine Tauben hätte ich die Wende nicht überlebt. Das sind Sätze, die hauen mich um. Und wie im Fluge zieht sein Hausmeisterleben im sozialistischen Großbetrieb an uns vorbei. Herrn Brauns Augen funkeln beim Erzählen wie die eines angriffslustigen Täuberichs.

Dass er einer von uns ist, bemerke ich einfach daran, dass er von seinen eingesammelten Ehrenauszeichnungen und Pokalen, die ihn als Deutschlands Besten preisen, nur ganz nebenbei berichtet. Vor mir steht ein Held der ersten Stunde aus einer Zeit, in der das Sein das Bewusstsein bestimmte.

Ich geriet dann aber völlig aus dem Häuschen, als dieser Mann von Schlag mir die Sexualität im Taubenschlag erklärte. Mit einem Schlag war mir, als wäre mir die ganze Welt erklärt worden. Auf meine Frage, weshalb Huhn und Henne oder eben Täuberich und Taube getrennt leben, erklärte er mir: »Erst wenn der Chef, der Flugpionier, seine 600-800 km wieder heimwärts geflogen ist, erst wenn der heimatliche Schlag erreicht ist, dann ist seine Belohnung so ein Täubchen.«

Die Sehnsucht lässt ihn also heimgleiten, unseren Taubenmann von echtem Schrot und Korn genährt, denn natürlich bekommt er nur bestes Kraftfutter aus Anhaltinischem Lande. Das Taubenfräulein bekommt natürlich das gleiche beste Kraftfutter, bevor es dann sozusagen unter den Augen des mit einem Besen bewaffneten Schutzmannes im Auftrage der Zucht zur Frau getreten wird oder besser erblühen darf.

Nicht Blankenburgische Taubenschlagpoesie, wahrhaftige Liebe nenne ich das bunte Treiben um Täuberich und Taube, wissend, dass die Natur und der Wille und die Pflicht zur Arterhaltung die Grundlage für das herrliche Liebesgeflatter und diese pure unverstellte Lebenslust sind. Völlig erschöpft nach langem Kilometerflug geht es endlich mal zu, wie es im Taubenschlag zugehen muss, bevor Männchen und Weibchen wieder getrennt wohnen.

»Ohne meine Tauben hätte ich die Wende nicht überlebt«, war einer der Begrüßungssätze dieses Taubenzüchters.

Ich behaupte zu wissen, weshalb die Taube zur Friedenstaube ward.

Picasso hatte recht behalten: »Wer ein Menschenleben rettet, rettet die Welt.«

Hier, in Blankenburg, leben Hunderte von Friedenstauben und spenden Trost und geben Kraft.

Auf meine Frage, woran sich die gefiederten Freunde nach 800 km Dauernonstopdirektflug orientieren, damit sie immer wieder ihren Schlag finden, antwortet mir Herr Braun: »Ich weiß es nicht.«

Wie viele Probleme, wie viele falsch gewählte Lösungswege würden uns allen erspart bleiben, könnte einer unserer Spitzenpolitiker oder Manager sich über-

winden zu sagen: »Ich weiß es nicht. Ich habe keine Ahnung.«

Wann eröffnet der BER und welche Summen kostet er uns Steuerzahler bis dahin?

Die Summen und Jahreszahlen rasseln an unseren Ohren nur so vorbei ... Weshalb sollen wir auch genauer hinhören, morgen wird eh vom neu eingesetzten nächsten Mr. Schlaumeier korrigiert. Damit wir uns alle nicht zu sehr aufregen, passiert das alles nur in kleinen Schrittchen.

Ich weiß es nicht. Diesen Satz auszusprechen, stünde vielen Verantwortlichen gut.

Aber ich drifte ab.

Wahrscheinlich orientieren sich die empfindsamen Tiere am Magnetfeld der Erde.

Ihren Flug bedroht die immer größer werdende Anzahl von Handy- bzw. Funkstrahlen. Kein Dorf ohne Sendemast. Herr Braun berichtet von den sich häufenden Todesfällen unter den fliegenden Tauben auf Fotovoltaiksonnenenergiegewinnungsfeldern. Er versucht eine Erklärung, fühlt sich in die Taube ein und erklärt, dass so ein Sonneneinfangsfeld aus der Vogelperspektive silbern wie ein See glänzt. Um trinken zu können, stürzen sie im Sturzflug herab und brechen sich das Genick. Seine Augen glänzen feucht.

Wohl dem, der eine Heimat hat.

Bis heute mochte ich nur »echte« Vögel. Beobachte gern im Frühling, wenn noch keine Blätter an den Bäumen die Sicht versperren, Buchfink und Kleiber. Versuche immer mal den Blick auf eine Tannenmeise zu erhaschen, will sofort den Grünspecht entdecken, wenn ich ihn höre, paddle auf Kanälen und einsamen Seen, um wenigstens einen jährlichen Eisvogel zu verzeichnen, sitze und sitze und sitze, um mit meinem Fernglas die Ankunft der Bienenfresser feiern zu können.

Die anderen »echten« Vögel sind die zarten Braten. Der Gedanke an Ente und Rebhuhn lassen mir das Wasser im Munde …

Die Tauben gehören ab heute auch für mich zu den echten Vögeln. Weil sie Gefährten des Herrn Braun sind.

Wohl dem, der nochmal Heimat hat.

Heimlichkeit im Weihnachtsmekka

Station 7

von Uwe Steimles obligatorischem Weltkulturerbe

Erzgebirge – oder Not macht erfinderisch

Sachsen lieben Advent. Heimlichkeit, Neugier, Zusammensein und Gemütlichkeit verbinden sich zu Stunden im Muschebubu. Muschebubu? Den Zustand muss man hier nicht erklären, nur die andern sollten wissen, was es ist: die feine sächsische Art der situationsbedingten Verdunklung. Im Winter sehr beliebt, im Erzgebirge täglich zelebriert. Vor allem in einer Stadt, die Uwe Steimle so gern besucht wie sein Wohnzimmer.

Dort schieben sich im Dezember Busse wie eine Elefantenherde über den Berg. Nicht in Steimles Wohnzimmer, sondern im Mekka der sächsischen Weihnacht. Dahinter im Tal und auf den Hängen, zwischen Pfarr- und Feldweg, Reicheltberg und Wettin Höhe, liegt adventszuckersüß Seiffen. Hingehaucht das Städtchen wie ein deutsches Klischee-Kleinod aus Grimms Märchenbuch. Mit Glück im Advent, zur Freude der Besucher, fein abgepudert mit Schneeflöckchen aus den Resten des Klimawandels.

Den besten Blick aufs Sehnsuchtspanorama gibt es von der Wettin Höhe. Kirche in zarten Rauchschwaden, geduckte Fachwerkhäuschen, Sternlein mit Blinklicht, flackernde Kerze am First, Schwibbogen auf dem Fensterbrett. Aber da hoch kommt kaum ein Alltagstourist. Will er nicht. Er schlendert unten von Hütte zu Hütte, von Schaufenster zu Schaufenster, von Werkstatt zu Werkstatt. Er füllt sich ab mit Bratwurst, kauft gedrechselte Bescherungsware made in Erzgebirge. Oder er kommt massenhaft zur Bergparade am dritten Adventswochenende, um die 450 Trachtenträger zu begucken, die die Hauptstraße in einen Laufsteg für

Blick von der Wettin Höhe auf das verschneite Seiffen

barocke Bergmänner verwandeln. 15.000 Gäste zählte der Ort 2014. Es kann schon mal vorkommen, dass 30.000 Menschen an einem Wochenende das Tal fluten. Über 200 Busse und 4.000 Autos suchen sich dann Parkplätze auf angemieteten Wiesen unweit der großen Sommerrodelbahn. Die Gäste kommen von überallher, aus ganz Deutschland, aus Tschechien, aus Japan, aus China, aus Amerika, aus Italien, von überall eben. Eine Million Gäste im Jahr.

Aber da oben auf der Wettin Höhe würde im Dezember die schöne Spielzeugweltanschauung der Besucher über den Haufen geworfen. Steimle schaut dennoch hin. Denn auf dem Weg zur Bergkuppe steht fett gesprayt: »Ihr seid geile Helden.« Immer im August quälen sich seit 1994 Hunderte Sportler zum Mountainbike-Marathon durch die Gassen oder rennen zum »Alp de Wettin« durchs Märchenland. Die Anmeldung für den Wettkampf läuft immer ab dem ersten Advent. Denn im Sommer, wenn die Sehnsuchtsreisenden wieder weg sind, wollen die Seiffener nicht in der Verlorenheit des Grenzlandes untergehen.

Und so wirken die Einwohner angesichts der winterlichen Touristenflut eher gelassen fröhlich. Ihr Kinderlein und Eltern kommet, kommt nur her. Die sie riefen, werden sie nicht wieder los. Warum auch ... Die 2.300 Einwohner leben von den Menschen, die hier in Seiffen suchen, was sie aus den Bilderbüchern ihrer Kindheit oder aus dem Pyramiden-Idyll der geschmückten Wohnstube kennen. Die Seiffener haben es irgendwie geschafft, ihrer Stadt einen Weihnachtsmythos zu verpassen, der Menschen anzieht wie Motten das Licht.

Das sagt Christian Werner, der mit seiner Zipfelmütze aussieht wie ein zu groß gewachsener Zwerg aus der Mannschaft von Schneewittchen. Der Gast aus Dresden hört zu. »Zu DDR-Zeiten kamen auch schon viele Menschen, aber da gab es kaum einen Laden und nur mit Beziehungen was zu kaufen. Es ging ja alles in den Export«, sagt Werner.

Vor seinem Haus an der Binge duftet es nach frischem Holz. Vorn im Laden stehen Ochs und Esel, Giraffe und Elch in Reih und Glied. In der Werkstatt häufen sich in einer Ecke Späne. Auf der Drehbank verwandeln sich Holzringe Schnitt für Schnitt zu kleinen Wesen. Wie ein frisch gebackener Gugelhupf rotiert eine Baumscheibe in dem Gerät. Und der Reifendreher tut etwas Verblüffendes: Er schafft nicht wie üblich aus einzelnen Stücken ein Ganzes, sondern aus einem ganzen Stück Einzelnes. Er sieht durch das Negativ hindurch das Positiv. Ein echter Optimist, ein Seiffener eben.

Ein gedrehter Reifen in Hirschform

Christian Werner kommt aus seinem Haus und lädt zur Rundfahrt durch seinen Ort. Er steigt in einen 15 Jahre alten Passat, der klappert und faucht. Fünf Stück davon besitze er, sagt er. Einer fährt immer, die andern dienen jeweils als Ersatzteillager. Werner kracht durch die Gassen. Es muss schnell gehen, denn es gibt ja so viel zu sehen. Am Schindelberg begegnet er einem Mann, grüßt kurz. »Das war unser Schuldenmeister«, sagt Werner. Johannes Glöckner heißt der Mann, in dessen Amtszeit der Bau des Erlebnisbades fiel. Typischer Fall von Selbstüberschätzung. 1995 feierte die Stadt die Eröffnung, 2002 musste sie das Bad wieder schließen. Viel zu viel Kosten, viel zu wenig Besucher und jetzt sitzt die Stadt noch immer auf einer Millionenschuld, die sie mühsam abträgt. Christian Werner sagt: »Mühsam war es hier schon immer, aber wir haben alles überlebt. Auch den Sozialismus. Und den Kapitalismus werden wir auch überleben.« Steimle lacht.

Werner meint, er sei aus Profession ein Quertreiber. Schon seine Holzstücke besitzen im Querschnitt die Kontur seiner selbst entworfenen Figuren. Er arbeitet quer zur Faser des Holzes, das er auch nicht vorher trocknet, sondern befeuchtet. Der Reifendreher ist außerdem der einzige Mensch, der die Quadratur des Kreises beherrscht. Denn er kann aus einem Ring Vierecke spalten. Und das gibt es nur hier in Seiffen.

Es war die Not, die Ende des 18. Jahrhunderts die Handwerker des fast 700 Jahre alten Erzgebirgsortes dazu trieb, erfinderisch zu werden. Der Zinn-Bergbau warf nichts mehr ab, und Glasbläser schufen sich aus Holz Formen, um ihre Produkte besser herstellen zu können. Die Holzformen blieben als Abfall liegen, aber es wäre Sünde gewesen, den zu verfeuern. Also begannen findige Seiffener, die Holzringe zu drehen, zu beschneiden, zu spalten, zu schnitzen und zu bemalen. So erfanden sie eine verblüffende Technologie, die es bis heute ermöglicht, aus einem Reifen mit einem Durchmesser von 30 bis 50 Zentimetern Figuren zu erschaffen. Im besten Fall 60 Stück pro Rad. Das Räderwerk funktioniert bestens und viel schneller, als wenn man die kleinen Holzfiguren nur schnitzen würde. Deshalb gab es um 1920 insgesamt 28 Reifendreher in dem Spielzeugwinkel, die alle ein gutes Auskommen hatten.

Christian Werner kennt die Geschichte des Seiffener Handwerks. Der 57-Jährige ist hier geboren, sein Vater, Walter Werner, war einer der bekanntesten Seiffener Holzspielzeugmacher. Der Sohn arbeitete oft mit in der väterlichen Werkstatt, lernte Facharbeiter für Holzspielzeug und arbeitete später im Freilichtmuseum, wo das Handwerk des Reifendrehens in den 1970er-Jahren gelandet war. Doch dort gehörte es nicht hin.

So dachte sich Christian Werner, machte sich deshalb 1985 selbstständig und belebte das Reifendrehen als Handwerksmeister neu. Heute verlassen seine Manufaktur 260 verschiedene Reifentiere. Das Design entwickelt er selbst. »Die Formen zu erfinden, ist wie eine junge Liebe«, sagt er. Schafe, Kamele, Elefanten, Engel, Giraffen, Eisbären, Hühner, Hasen, Wildschweine, Bäume. Ganze Kuhherden entspringen den Holzreifen, ein komplettes Sortiment für die Arche Noah, vom Affen bis zum Zebra.

Unbemalte Tiere kommen in Säcke, die im Keller der Seiffener Manufaktur an der Decke hängen. Denn es kann sein, dass ein Kunde plötzlich eine Herde möchte. Da ist immer Vorrat da. In dem Keller lagern in einem anderen Raum, feucht gehalten von einem Wassersprüher, Fichtenstämme. Die kommen beispielsweise aus den Kitzbüheler Alpen, wo sie 180 Jahre an einem Nordhang wuchsen. So sind die Bäume gerad linig, besitzen feine Fasern, denn beim Schnitzen darf keine Zahnung entstehen. Christian Werner liebt den Duft der Fichten. Aber am meisten liebt er es, quer zu treiben. Einen besseren Beruf hätte er nicht finden können.

Jetzt stoppt er seinen Klapper-Passat vor der Werkstatt seines Bruders. Es ist der Jüngste von dreien. Siegfried Werner übernahm die Werkstatt des Vaters, stellt Bergmänner her, die es nicht da unten in den Verkaufshütten gibt, sondern nur hier in seinem Haus oder übers Internet. Es sind Sammlerstücke, fein gearbeitet in limitierter Auflage für Fans dieser einmaligen Handwerkskunst.

In einer Kammer versteckt der kleine Bruder das Erbe des Vaters: der Fürstenzug in Holz. In einer Glasvitrine reiten die Wettiner hintereinander, der sächsische Hofstaat nicht gefliest wie in Dresden am Schloss, sondern geschnitzt. Wie eine 3-D-Animation, nur eben echt, anfassbar, aber nur zum Anschauen. Ein Kunstschatz, Weltkulturerbe im Hinterzimmer der Seiffener Werkstatt.

Jetzt würde Werner gerne zu seinem anderen Bruder fahren, der Spielzeug herstellt, aber vielleicht meckern dann die anderen Handwerker, weil der Christian nur seine Verwandten ins Gespräch bringt. »Was für ein Quatsch«, sagt Werner. »Wir sind hier alle verwandt.« Quertreiber dürfen so etwas sagen. Auch wenn es stimmt. Der Passat ächzt einen Hügel hoch. Plötzlich Bremsgeräusche, Stopp vor einem Haus auf der Deutschneundorfer Straße. »Hier wurde der Nussknacker erfunden«, sagt Werner. In der Werkstatt drinnen riecht es nach Terpentin und Nitro-Verdünnung wie in einer Kneipe nach Schnaps und Bier. Der Eigentümer schaut um die Ecke, begrüßt die Besucher herzlich.

Sein Ururgroßvater Wilhelm Füchtner arbeitete als Zimmermann, im Sommer auf dem Bau, im Winter war er arbeitslos. Und bevor er in Trauer und Suff unterging, griff er zum Messer, schnitzte Holzfiguren und eines Tages einen Nussknacker. Die Füchtners waren wie die Werners

Eine Auswahl der bärbeißigen Nussknacker-Gilde

Schelme, der Nussknacker satirische Untertanenkunst. Sie schnitzten dem König eine Grimasse, malten ihn rot an und ließen ihn bärbeißig Nüsse knacken. So entstanden Armeen von Königen und später Polizisten, Soldaten, Förster, Feuerwehrmänner, Eisenbahner und Weihnachtsmänner. Erfolgreiches Personal aus der Werkstatt Füchtner, wo nach wie vor nach dem Vorbild der Großväter die Holzfiguren in Handarbeit hergestellt werden.

Fahrt zurück im Passat auf die Seiffener Hauptstraße, wo neu ankommende Busse Menschengruppen ausschütten. Zwischendurch erzählt Christian Werner, dass die Japaner zu den wichtigsten Kunden in Seiffen gehören. Anfang der 1990er-Jahre sei ein japanischer Großhändler jedes Jahr gekommen. Er besuchte die Werkstätten, wollte in dem einen Jahr wissen, wie sie drehen, im nächsten Jahr, wie sie schnitzen, im nächsten, wie sie lackieren. Im folgenden Jahr luden die Handwerker den Japaner ein. Bevor er irgendetwas fragen konnte, gingen sie mit ihm in den Keller einer Werkstatt und schütteten ihm ein Glas Lauterbacher ein. Er trank, dann ein zweites Glas. »Aber Japaner vertragen ja keinen Alkohol«, sagt Werner. Der Gast fiel um. Die Handwerker hatten Angst, dass der Mann nicht überleben könnte, schleppten ihn nach oben. Und weil er auf dem Weg über die Treppe Sägespäne an den feinen Anzug bekommen hatte, nahmen sie einen Druckluftschlauch und pusteten ihn ab. Da erwachte der Japaner und entschuldigte sich für sein mieses Verhalten. Er kam nie wieder, aber bestellt weiter Waren.

So geht das weiter mit Geschichten aus der kleinen großen Welt des Erzgebirges, wo sich Provinz mit Globalisierung kreuzt. Die meisten der Seiffener Handwerker sind bodenständig wie der Rothirsch. Aber Gemütlichkeit scheint kein deutsches Phänomen, sondern menschlich. Mitten im Alltagsgemetzel einer Welt, die immer unübersichtlicher zu werden scheint, suchen Frauen und Männer Halt in der Niedlichkeit. Und die Wahrheit ist, dass genau dieses Phänomen immer dann Zulauf bekommt, wenn da draußen vor den warmen Stuben Unsicherheit wächst. Warum auch immer.

Und doch gibt es hier in der Provinz Weltoffenheit: Der Gemeinderat beschloss im November 2014, dass die Stadt im Ortsteil Heidelberg Asylbewerber aufnimmt. Die Familien wurden in mehreren kommunalen Wohnungen untergebracht. Hier in Seiffen ein ganz normaler Vorgang, ohne große Proteste.

Christian Werner läuft zum Imbiss »Pyramide«. Da sitzen Gäste, sprechen Englisch und Tschechisch, essen Sülze und Kartoffelsuppe mit Würstchen. Der Handwerker bestellt sich und dem Gast ebenfalls eine Sülze, aber zu Seiffener Preisen. Er bekommt hier Essen mit Heimvorteil. Seiffener kennen sich und geben sich Rabatt, denn jeder profitiert von jedem. »Früher hieß das Seilschaft, heute Netzwerk«, sagt Werner. Zum Nachtisch geht es weiter auf den Reicheltberg. Da wohnt Familie Merten, die Räuchermänneln produziert. 25 Jahre lang arbeitete Klaus Merten im Seiffener Spielzeugmuseum, machte sich 1985 selbstständig. Der 77-Jährige nahm sich Figuren aus den 1920er-Jahren zum Vorbild. Die Körper sind gedreht, aber die Arme aus Brotteig gerollt. 180 verschiedene Typen entwickelte er bis heute, vom Postboten über den Schornsteinfeger, den Pfarrer bis zum Wünschelrutengänger. Eine Kollektion aus Wünschen der Kunden.

Der Räuchermann gilt als Sinnbild erzgebirgischer Handwerkskunst. Und spiegelt die Zeiten wider. Während er zuerst als Handwerker vor dem Ofen saß, kam später der Orient in die Heimatstuben, Türke, Sultan, aber auch der Mohr qualmten, was das Holz hielt. Heute verlassen rauchende Lehrerfiguren, aber auch Modelle von Polizisten oder Bundeswehroffizieren die Werkstatt. Viele der Aufträge kommen von Unternehmen oder Institutionen, die zu Jubiläen oder zum Abschied ihren Mitarbeitern gern eine Freude bereiten wollen.

Klaus Merten übergab inzwischen seine Werkstatt an seinen Sohn Matthias, auch die Schwiegertochter hilft mit. In den 1990er-Jahren wäre seine Manufaktur fast kaputtgegangen: »Zu DDR-Zeiten bekam ich von der Genossenschaft pro Räuchermann 19 Mark. Ich hatte aber keine Ahnung, zu welchem Preis die Figuren exportiert wurden.« 1991 stand vor seiner Tür ein Großhändler aus den USA und wollte pro Räuchermann 2,40 Dollar zahlen, denn das hatte er bisher ja auch bezahlt. Doch mit Einführung der D-Mark stimmte dieser Umtauschsatz nicht mehr.

Mühsam sei es gewesen, den Händlern klarzumachen, dass die Erzgebirgskunst keine chinesische Massenware sei, sondern per Hand und mit höchster Qualität hergestellt würde. Irgendwann wurde das verstanden. Klaus Mertens Werkstatt überlebte, die Geschäfte gingen aufwärts. Jeder hier kann so eine Geschichte erzählen.

Seiffener erfinden immer was Neues. Auch sich selbst. Christian Werner sagt, das gehöre zur Überlebensstrategie. Jetzt zum Beispiel diskutiert der Ort, wie man die feindliche Übernahme von Olbernhau abwehren kann. Die Verwaltung des Nachbarortes wolle Seiffen eingemeinden, aber das sei lächerlich, sagt Werner. Es gehe höchstens andersrum. Aber das wäre ein verdammt heißes Eisen. So wie das Schwimmbad, das noch immer dastehe wie ein Mahnmal für irre geleitete Bürokratie. Aber im Grunde sind das Nebenschauplätze im Idyll, das Probleme nicht gebrauchen kann, weil es ja sonst kein Idyll mehr wäre.

Christian Werner möchte lieber gemeinsam mit Freunden auf der Freilichtbühne Passionsspiele abhalten. »Wenn das in Bayern funktioniert, warum dann nicht hier?«, sagt er und schmiedet Pläne, die ihn antreiben, wie brennende Kerzen die Pyramidenflügel. Dann fährt er seinen Passat an der Kirche vorbei, erbaut 1776. Ein Gotteshaus als Achteck, tausendfach als Weihnachtskirche erbaut in Holz als maßstabgerechter Tischschmuck. An der Kirche befindet sich eine Einbahnstraße. Werner dreht seine Karosse und sagt: »Manchmal wünsche ich mir, dass der Martin Luther zurückkäme und hier mal paar Thesen an die Tür hämmert.« Dem Christen Werner passt es nicht, dass der derzeitige Pfarrer so wenig flexibel sei. Der Handwerker organisiert nebenbei die Auftritte eines Gospelchores, der hier so umstritten wäre wie er selber. »Wir sind 100 Sänger, und wenn wir in großen Kirchen auftreten, da kommen auch schon mal 1.500 Zuhörer. Die sind hier in der Kirche nicht im ganzen Jahr.«

Die Bergkirche zu Seiffen

Im Spielzeugmuseum betrachten die Besucher, was Handwerker in dem Ort im Laufe der Jahrhunderte erschufen. »Cynsifen« hieß die Gemeinde bei ihrer ersten urkundlichen Erwähnung 1324, und das meinte, dass hier Zinn zu finden war. Mit dem ersten Abbau des Rohstoffes verbindet sich der Anfang der Siedlung, die wie seine Einwohner sich den Zeiten immer anpassten.

Christian Werner ist zurück in seiner Werkstatt. Erst mal einen Kaffee trinken. Auf einem Tisch steht seine neueste Kreation, ein Hase namens Speedy. Den gibt es nur über den Manufactum-Katalog zu kaufen so wie edle Töpfe, Lampen, Uhren. Auch einen Elefanten hat Werner neu im Angebot. Das Tier kann im Rüssel Scheine halten. »Das ist ein Geldtransporter«, sagt Werner. Draußen vor dem Fenster am Schmelzhüttenweg qualmt es aus einem Schornstein. »Da verbrennt einer Lindenholz«, sagt Werner. Er riecht das. Lindenholz stinke, Lärche dagegen dufte. Und dann wird es schon dunkel. An den Fenstern seiner Werkstatt funzeln Lichter im Muschebubu. »Ich habe die angebracht, damit wir nicht im Schwarz versinken. Wir brauchen das Licht.« Unten an der Hauptstraße glimmen vor den Läden die Lichterketten. An einer der Geschenkestuben flackert es vom Fundament bis zum Dach. Las Vegas lässt grüßen. »Es ist nicht alles schön«, sagt Werner.

Aus dem Tal schieben sich die letzten Busherden über den Hügel, rollen die Touristen zurück in ihre Wohnungen, wo sie am späten Abend die Engel, Weihnachtsmänner oder Pyramiden aus Seiffen aufstellen werden. Botschafter der Sehnsucht. Einige der Gäste bleiben, Pensionen und Hotels sind gut gefüllt. Werner erzählt noch, wie er vor zwei Jahren drei Pakete voller Hängepyramiden aus seiner Werkstatt nach Japan schickte. Aber die Versandfirma sendete die Fracht in die USA. Ein Versehen. Werner rief in Japan an, wollte sich entschuldigen, denn das Geld für die Waren befand sich schon auf seinem Konto. »Und was sagte die Frau am Telefon?«, fragt der Handwerker. Man hätte den Auftrag ausgelöst, also bezahle man auch. »Da stand ich am Telefon und habe eine Runde geheult.« Dann setzt sich Werner an seine Werkbank. »Ich muss jetzt die Zeit einarbeiten, die ich heute den ganzen Tag durch den Ort gefahren bin«, sagt er. Jetzt rieselt Schnee vom Himmel. Steimle will jetzt schnell weg – bevor er nicht mehr raus kommt aus der unheimlichen Adventsstimmung.

Die Görlitzer Jesusbäckerei

Station 8

von Uwe Steimles obligatorischem Weltkulturerbe

Eine Hauptstadt am Rande der Peripherie

»Nichts ist spannender als die Wirklichkeit.« Die folgende Episode wird Sie erneut davon überzeugen.

Zu Beginn des Jahres 2013 bekam ich vom Mitteldeutschen Rundfunk ein Angebot, das ich nicht abschlagen konnte.

Die Verantwortlichen aus der Sparte »Unterhaltung« boten mir an, mit einem ganz kleinen Kollektiv durch die Heimat zu fahren. Mein Buch sollte ja »Heimatstunde« heißen, das war ihnen bekannt, und so könnte ich doch »ab durch die Mitte« den Osten vom Osten bereisen. Dorthin reisen, wohin niemand will, in die sträflichst vernachlässigte Oberlausitz mit ihren Umgebindehäusern, mit den gebackenen Granitpflastersteinen, einem neu angelegten Bibelgarten auf dem Gelände einer ehemaligen LPG, zur Bienenmutti aus Oberlichtenau, zum Dudelsackbauer und Eichendorff und auch nach Bautzen, die letzte Türmerin besuchen. All das wollte ich sehen. Wenn der Weg noch so weit und das anzuschauende Objekt scheinbar banal ist, ich wurde wieder einmal bestätigt: Wenn die Augen leuchten, die Münder sich öffnen und die Herzen leuchten, ist der Mensch die Kirche. Uns begegneten aufgeschlossene Pulsnitzer Pfefferküchler-Leute, Bauerntheaterschauspieler. Die Leidenschaft der Ureinwohner ist unvorstellbar. Ich erlebte sie unverstellt, bodenständig und zutiefst religiös. Gelebte Heimat verbindet sie. Die Käserin aus Wehrsdorf antwortete mir auf meine Frage, ob sie denn glücklich sei: »Nu freilich, ich habe doch meinen Käse.«

Die von mir bereits erwähnte Bienenmutter gab Folgendes zu Protokoll: »Herr Steimle, Bienen gibt es seit 60 Millionen Jahren auf der Welt, uns Menschen seit einer Million. Das, was wir der Umwelt antun, und damit den Bienen«, sie rang nach Luft und kämpfte mit den Tränen, »ich hoffe, die Bienen überleben uns.« Jetzt kämpfte ich mit den Tränen. Wäre die Oberlichtenauer Bienenmutti Landwirtschaftsministerin, mir wäre nicht bang um Honig und Menschheit. Ich bekam von ihr auch noch einen Rat: »Herr Steimle, hören Sie auf, an der Jugend zu zweifeln! Die Jugend ist weiter, als Sie ahnen, die merkt nämlich, dass sie verarscht wird. Und deshalb sind sie bei uns hier fleißig wie die Bienen.«

Herrlich war die Reise. Ich entdeckte sogar eine echte, noch funktionierende Schmiede, mit einem Lufthammer, und erfuhr, wie der Notnagel zu seinem Namen kam. In Notzeiten wurde mit Nägeln bezahlt. Warum wissen die in Brüssel an der Europäischen Notenbank noch nichts davon? Trifft den Nagel auf den Kopf: »Europäische Notnagelbank«.

Nun aber zum Hauptgedanken ... Die Jesusbäckerei in Görlitz!

Als ich den etwas großspurig klingenden Namen über der Bäckerei las, dachte ich: Hier also. Ja, aber was hier also?

Was zeichnet eine Bäckerei aus, die diesen Namen auf dem Schilde führt?

Ich bat unsere Mannschaft, bestehend aus Kameramann, Tonmann, verantwortlichem Redakteur und dem Fahrer, mir behilflich zu sein. Wir rückten also kurz nach Ostern der Bäckerei des Herrn auf den Leib. Der Verkaufsraum war leer, ich entdeckte am Ende der langen, üppig befüllten Auslagen eine Frau. Sie empfing uns sofort mit: »Sie wünschen bitte?«

»Ich wünsche eine Auskunft. Weshalb heißt Ihr Laden hier Jesusbäckerei?«

»Steht alles auf dem Zettel«, damit wuchtete sie, ohne uns eines Blickes zu würdigen, ein A-4-Blatt auf die Glasplatte der Auslage und verschwand unter dem Ladentisch.

»Lesen kann ich auch«, antwortete ich, »aber unsere Fernsehzuschauer sind neugierig und erwarten Aufklärung gern auch von kompetenter Seite.« Unsicher fragte sie: »Und was ist, wenn Kundschaft den Laden betritt?« Wir sicherten ihr zu, dass wir uns in diesem Falle verkrümeln würden.

Sie erklärte uns, das Grab in Görlitz sei der einzige Nachbau des heiligen Grabes in Jerusalem, und der Kreuzzug führe auch direkt an der Bäckerei vorbei. Deshalb heißt die Bäckerei »Jesusbäckerei«.

Ich zweifelte sofort, denn wenn das Grab schon ein Schwindel ist, wie erst verhält es sich dann mit der Echtheit des Weges!

Da wurde sie streng: «Also, so kann man das aber nicht sehen, Herr ...!«

Ich entschuldigte mich gleich schon im Vorhinein für meine nächste Frage, das tun wir Sachsen gern: »Entschuldigen Sie bitte, welches Gebäck zeichnet Ihre Bäckerei denn aus?«

Das Heilige Grab in Görlitz

Ihre Antwort lautete: »Krüstchen«. Dabei schaute sie mich an, als sei ich direkt von hinter'm Herrnhuter Stern. Bei mir lief schon bei dem Wort Krüstchen kein Wasser im Mund zusammen.

Und jetzt wissen Sie auch gleich, was Görlitzer Jesusbäckereikrüstchen sind: Es sind ganz spezielle Semmeln, mit extra großen Salzkristallen obenauf, die Jesu Tränen symbolisieren sollen, welche sich Gottvater ausweinte ob der Leiden seines Sohnes am Kreuz.

Was für eine verbackene Blasphemie! Ich verlangte zwei Jesus-Semmeln. Die waren ausverkauft. Gott sei Dank.

Im Angebot der Bäckerei standen auch noch Bomben. Was hatte es damit auf sich?

»Bomben gibt es erst wieder Weihnachten«, antwortete mir die Verkäuferin.

Meine liebe schöne deutsche Sprache: Hat die Verkäuferin jetzt wirklich zu mir gesagt: »Bomben in der Jesusbäckerei gibt es erst wieder Weihnachten!«???

Gemeint waren Lebkuchenbomben, sterben wird also niemand davon. Außerdem ist Weihnachten noch weit weg, Ostern gerade vorbei, und ich wollte einfach irgendetwas kaufen! Also fragte ich noch einmal mit all meinem Mut nach einem besonderen Angebot.

Die Verkäuferin hatte noch was in petto: »Was Besonderes, ja, im Angebot sind zur Zeit gebackene Eichhörnchen.«

Ich gab nicht auf: »Und was ist das Besondere an gebackenen Eichhörnchen?«

Sie hatte noch einen: »Die Schwänze sind in Schokolade getaucht.«

Bleibt mir noch zu wünschen: Guten Appetit und Halleluja.

Warum mich Silvester nicht mag
oder: Alles hat seine Ursachen

Kennen Sie jemanden, der gerne Silvester feiert im Abendland?

Guten Rutsch – und auch für 2016 gilt: Gesundes, neues Haar! Vor allem Neues! Oder wie sagt man im neuen Halbbildungsbürgertum: ein feines Hineingleiten in, an oder wahlweise auch nach 2016.

Mir gebe man bitte nach 18:00 Uhr eine Spritze, ja, eine Schlafspritze, damit ich erst im neuen Jahr aufwache und kein Geknall miterleben muss. Für mich als Dresdner sind Feuerwerke generell eine Zumutung – Stichwort: 13. Februar, dämmerts?

Nein, nein, ich will ja niemanden bevormunden oder agitieren, mir will nur nicht in den Kopf, warum das Kalenderjahr, gerade noch genossen, von jetzt auf gleich beschlossen und vertrieben werden muss. Was Neues muss her! Wir haben doch noch nicht einmal das alte verdaut (Weihnachtsbraten), geschweige denn bewältigt, das Jahr meine ich.

Ich will keine ständig neuen Abschnitte, um mein Leben besser einteilen und planen zu können, aber jetzt beim Synapsieren über die erzwungene Jahresendabschlussfröhlichkeit fällt mir ein, WARUM ich Silvester nicht leiden kann. Und mich Silvester hoffentlich auch nicht.

In dem Jahr, in dem ich 15 Jahre alt geworden war, durfte ich zum ersten Mal Silvester alleine feiern, allein heißt ohne schützende Anwesenheit der Eltern.

Heute kosten 6 Flaschen Sekt weniger als 7 Flaschen Wasser, aber damals, also zu meiner Zeit, 1978, als der Pionierkalender endlich farbig und nicht mehr schwarzweiß erschien, kostete die Büchse Ananas 13,00 Mark. Dafür musste ich 3 Stunden beim Garagenbau arbeiten, für eine Büchse. Die gab es grundsätzlich nur im Deli. Deli bezeichnet in diesem Falle nicht die Hauptstadt von Indien, Deli war eine liebevolle Abkürzung. Damals sagten wir zur Mutter auch noch Mutti. Bei Deli streicheln wir Sachsen liebevoll über ein delikates Wort und verpassen diesem eine große Zärtlichkeit.

Wer im Deli kaufen konnte, hatte jede Menge DDR-Geld, viel Westgeld oder von beidem zuviel.

Mein erstes Sylvester also mit »ohne« Eltern, aber sehr, sehr stilecht mit Sekt und Ananas – ich war noch längst nicht volljährig, wollte aber schon mal am Alkohol schnuppern.

Zwischen 23.00 Uhr und 24.00 Uhr Nulluhr muss ich zuviel des berauschenden Cocktails hinterfragt haben. Ein Kardinalfehler, denn ich hatte mir für diese Nacht vorgenommen, das erste Mal küssen zu wollen, weshalb ich mir ja auch ordentlich Mut antrinken musste. Jedoch saß ich allein auf dem Chaiselongue im Trockenraum im Keller des Neubaublockes, kuschelte mich ins Sofakissen, fieberte auf ein Wunder. Mit jeder Minute des alten Jahres schwand die Hoffnung, noch vor dem 16. Lebensjahr geküsst zu werden. Selbstinitiative? Ein Mädchen ansprechen? Ich war ängstlich und wollte wachgeküsst werden. Bruder Alkohol sprang mir nicht zur Seite, er stieg mir ausschließlich in den Kopf. Kurz vor Mitternacht war ich raddeldaddeldicht. Im Sektwahn hoffte ich nun wenigstens auf den Kuss vor dem 17. Geburtstag.

Und heute?

Irgendwie vergeht die Zeit heute viel schneller als früher, obwohl ich jetzt langsamer die Treppe hoch steige. Und dabei ist es nur ein Zahlendreher von 15 zu 51, fourschdbar. Aber Zeit heilt alle Wunder.

Eine zu Dreiviertel geleerte Büchse der Ananas, mit einer Flasche Sekt aufgegossen, kreidebleich saß ich und wurde schlagartig nüchtern. Es war 5 vor 12 und mir fiel ein: Ich sollte zum Anstoßen Punkt Null Uhr bei meinen Eltern sein! Aber wenn ich jetzt die Kumpelschar verlasse, war ich entweder ein Warmduscher oder schwul. Nee, ich entschied mich zu bleiben und damit für den Suff.

Gegen 2.00 morgens schlich ich aus dem Trockenraum gen elterlichen Wohnsitz. Ungeküsst und blau. Dort angekommen erlebte ich eine Überraschung. Die Klingel war abgestellt. Meine Mutti zischte nur: Du warst zum Anstoßen nicht da, Vati war so sauer, deshalb hat er sich vor Wut betrunken und schläft jetzt im Keller im Trockenraum. Gesundes Neues Jahr, Uwe!

Ich war schuld.

Lange habe ich nicht verstanden, dass, egal was passiert oder nicht passiert wäre, Vati sich sowieso betrunken hätte. Und schuld war immer ich.

Das erste Mal geküsst wurde ich zu Jahreswechsel 1980 zu 1981. Ich war dran, aber eigentlich war es eine Katastrophe.

Meist feiere ich den letzten Tag des Jahres immer ein klein wenig anders, aber immer ruhig und bewusst. Ich will nichts vergessen aus dem alten Jahr und nichts verpassen im neuen.

Napoleons Pfefferkuchen

Station 9

von Uwe Steimles obligatorischem Weltkulturerbe

Tief im Osten, da geh'n die Sterne auf

Tief im Osten, wo die Sterne aufgehen, da gibt es mehr als gedacht. Hügellandschaft. Schlachtgemetzel. Napoleon durchpflügte die Gegend vor über 200 Jahren. In der Lausitz mähte er Köpfe von Schultern wie andere Gras von den Wiesen. Es war der Anfang seines Endes. Uwe Steimle fährt in den nahen Osten, er will mehr vom Morgenland wissen, von Napoleons Ungnaden, von Schlössern, aber auch von Pfefferkuchen und dem aufgehenden Stern.

Es blüht lila und weiß in Wurschen, nur zwölf Kilometer vom Bautzner Stadtzentrum entfernt. Der Raps auf den Feldern ringsherum prahlt mit seinem unverschämt grellen Gelb. Ein Kuckuck ruft kuckuck. Dem kleinen Teich wächst das frische Schilf ins Ufer. Autos holpern über das Kopfsteinpflaster des Steinkreuzweges zum Schlossplatz, der hier Predhrodom heißt. Schließlich liegt der Ort mitten im Sorbenland.

Wurschen ist für viele in Sachsen ein kleines unbekanntes Nest in der Oberlausitz. In Paris dagegen dürfte jeder die Gemeinde kennen, denn die Großbuchstaben W U R S C H E N sind am Triumphbogen in Stein gemeißelt.

In dem kleinen Wasserschloss saßen im Mai 1813 jene Leute, die die Niederlage Napoleons planten. Hier befand sich das Hauptquartier der Verbündeten gegen den französischen Kaiser. Das Schloss beherbergte das alliierte Heereslager des russischen Zaren Alexander und seinem Verbündeten, des preußischen Königs Friedrich Wilhelm III. Außerdem waren die Generäle und Feldmarschälle Barclay de Tolly, von Diebitsch, von Kleist, von Blücher und von Gneisenau anwesend.

Schloss Wurschen (Stadt Weißenberg)

Heute nähern sich Gäste nur vorsichtig dem Anwesen, denn am Garten neben dem Schloss steht ein Schild: Unbefugte betreten verboten. Wer will schon unbefugt betreten sein. Am Klingelschild des Schlosses ist zu lesen: Dr. Christina und Alfred Graf zu Solms-Sonnenwalde. Das Ehepaar kaufte 1997 den Familiensitz zurück. 1945 wurde der Adel enteignet, das Schloss stand auf der Abrissliste der SED-Funktionäre, die Einwohner standen kollektiv dagegen. Sie wussten um den Wert des Hauses und um seine Geschichte. Die Altneueigentümer wissen das ebenfalls. Sie sanierten ihren Besitz liebevoll.

Noch heute existiert jener Tisch, der als Unterlage für die Stabskarten diente. Napoleon ahnte damals noch nichts von seinem Ende. Er wähnte sich im neuen Siegestaumel, nachdem es ihn im Dezember 1812 in Russland kalt erwischt hatte. Der Feldherr lehnte jedes Angebot der Feinde ab, er hatte ja Anfang des Monats in Lützen schon gegen seine Gegner gewonnen. Dem Gesandten des Wiener Hofes, General von Bubna, sagte er: »Sie wollen im Trüben fischen. Man kann nicht neue Provinzen erwerben, wenn man nur Rosenwasser vergießt. Sie fangen damit an, dass Sie Illyrien von mir verlangen, dann werden Sie Venedig verlangen, dann das Gebiet Mailand und schließlich Toskana, und mit allem zwingen Sie mich dazu, gegen Sie zu kämpfen. Es ist doch besser, gleich damit anzufangen. Ja, wenn Sie von mir Land erhalten wollen, dann müssen Sie Blut vergießen!« Er war gnadenlos, kalkulierte massenhaft Verluste ein, um seine Macht zu erhalten.

Als in den Maitagen 1813 in Hamburg eine Bewegung gegen Napoleon aufgedeckt wurde, sandte der Kaiser einen seiner besten Generäle, Louis-Nicolas d'Avout, genannt Davout, in die Hansestadt. Der ließ die Anführer der antinapoleonischen Aktion erschießen, inhaftierte 500 der angesehensten Bürger und konfiszierte deren Vermögen. So etwas vergessen Hamburger nicht. Das Ansehen des Franzosen steht unter alteingesessenen Elbestädtern auf einer Sympathieskala von eins bis zehn noch heute höchstens auf drei.

In Bautzen ging Napoleon ebenfalls rigoros vor. Doch zunächst empfing er am 18. Mai in Dresden um halb 12

Uhr den sächsischen König. Um zwei Uhr nachmittags begleitete Friedrich August I. seinen französischen Freund bis zum Marcolini'schen Palais. Der Kaiser reiste weiter, übernachtete im Schloss Harthau zwischen Schmiedefeld und Bischofswerda. Am 19. Mai brach der Korse am frühen Morgen von Harthau auf und begab sich über Bischofswerda nach Bautzen. Am 20. Mai leitete er acht Uhr morgens den Übergang über die Spree. Um neun Uhr abends ritt er auf die Schmochtitzer Höhe und kehrte dann ins Hauptquartier nach Bautzen ins Hartmannsche Haus am Markt zurück. Er wusste, dass in den folgenden Tagen literweise Blut fließen würde. Vom Wurschener Schloss aus hatten die Alliierten einen Blick auf die

Torhaus des Rittergutes Schloss Großharthau

Felder, die Hügel, die Höhen. Eine Schlachtbank mitten im Frühling. 267.100 Soldaten marschierten in diesen Tagen durch die Lausitz, 167.100 Mann auf der Seite der Franzosen, rund 100.000 auf der Seite der Preußen und Russen. Und es kämpften Deutsche gegen Deutsche. Mit den Preußen zogen Schlesier und Brandenburger, mit den Franzosen Württemberger, Badener, Hessen, Bayern und natürlich Sachsen. 30.000 Pferde galoppierten über die Wiesen, 1.200 Kanonen donnerten ihre Kugeln in die feindlichen Reihen. Es gab etwa 38.000 Tote, 25.000 Soldaten der napoleonischen Truppen fielen, 18.000 bei den Alliierten. Zwischen den Leichengeruch mischte sich der Fliederduft. Die Apfelbäume blühten. Schon Tage zuvor kämpften die Truppen zwischen Großharthau, Demitz und Neukirch. Bischofswerda litt, denn hier zog die Grande Armée durch. Etwa fünf- bis sechstausend Mann drangen in die Stadt ein. Kosaken tauchten auf. Der französische Schriftsteller Stendhal beobachtete das Geschehen. Schon 1812 nahm er an Napoleons Russlandfeldzug teil, kam mit ihm im September bis Moskau. Den anschließenden Rückzug überstand er unbeschadet. 1813 war er kurz Kaiserlicher Intendant in Schlesien und fuhr am 19. Mai von Dresden nach Bautzen. Er schrieb in seinem Tagebuch: »Wir kommen durch Bischofswerda, ein völlig niedergebranntes Städtchen. Die über die Häusermauern ragenden Schornsteine erinnern mich an Moskau. Die Emsigkeit der Einwohner hat mich schon wieder bestätigt. Die armen Teufel haben die Türen und Fensteröffnungen ihrer völlig ausgebrannten Häuser schon wieder mit Ziegeln geschlossen. Den Zweck der

Arbeit sehe ich nicht ein, aber er erregt mein Mitleid. Das gleiche Gefühl hat bei diesem Anblick ein alter Wachtmeister von der Feldgendarmerie, die unsere Bedeckung bildet. Nach langem Schweigen sagt er: ›Schade um das Städtchen‹.«

Doch es war längst noch nicht Schluss. In den nächsten Wochen plünderten die Franzosen Häuser, vergewaltigten Frauen. Es war Krieg. Der Stadtschreiber von Bischofswerda schrieb am 12. September in sein Tagebuch: »Der Bauer Gottlieb Gnauck ist heute von einigen Soldaten schwer blessiert worden. Man hat ihm die Kühe nehmen wollen. Ein Soldat sticht ihm in den Hals. Er ist bald darauf gestorben. Wir verfolgten die Mörder vergebens, ein französischer General wollte nicht viel davon wissen.« Der Maler Gerhard von Kügelgen, der in Dresden die Franzosen erlebte, beschrieb in diesen Tagen, wie zwei französische Generäle einen sächsischen Soldaten erschlugen, weil dieser ein Mädchen verteidigte, das die Franzosen vergewaltigen wollten. Doch nicht nur die Sachsen spürten mehr und mehr, dass dieser Krieg nicht der ihre war. Auch wenn Napoleon bei Bautzen einen Sieg feierte, so war er doch mit hohen Verlusten erkauft. Und auch seine eigenen Soldaten hatten zunehmend die Nase voll. Immer wieder desertierten einzelne. So auch in Bautzen. Das Stadtmuseum verfügt über einen der seltenen Belege dafür: die komplette Uniform eines französischen Trompeters.

Der Soldat aus Napoleons Heer hieß Pierre Cornion. Ein Kerl von 19 Jahren, 1,64 Meter groß. Im Bautzener Gasthof »Zum Löwen« versteckte er im Mai seine Kledasche, zog die Klamotten eines Bauern an und verschwand. Er stopfte die Uniform so gut unter die Dielenbretter des Gasthofes, dass Rock, Hose und Stiefel erst 63 Jahre später bei Bauarbeiten vom Wirt entdeckt wurden. In Pariser Archiven fanden Militärhistoriker auf Anfrage des Bautzner Museums Ende der 1990er-Jahre Namen, Einheit, Alter und Größe des Soldaten, der übrigens wohlbehalten in seiner Heimat ankam und 1856 im Alter von 60 Jahren eines natürlichen Todes starb. Der Bursche hatte alles richtig gemacht. Die Schlacht bei Bautzen weitete sich indes aus, ging bis Görlitz und Hoyerswerda. Denn Napoleon war nach dem Gemetzel nicht zufrieden. Er schrie: »Was, nach solch einer Schlächterei kein Ergebnis, kein Siegeszeichen, keine Gefangenen.« Er ließ Preußen und Russen verfolgen. Bis zum 28. Mai dauerte der Kampf. Dann das Ende, der Sieg für die Franzosen, die Erschöpfung. Im Juni ein Waffenstillstand. Obwohl beide Seiten den Vertrag unterzeichneten, wünschten weder Napoleon noch die Verbündeten, dass diese Vereinbarung zu einem Frieden führe. Sie brauchten die Pause, um Verstärkung zu organisieren. Doch das gelang vor allem den Alliierten, nicht dem Franzosen. Für ihn ein verhängnisvoller Fehler, der am Ende zur Leipziger Völkerschlacht und der Niederlage Napoleons führte.

Dieser gestand sich das jedoch niemals ein. Selbst auf der Insel St. Helena, als er alles verspielt hatte, war von Reue keine Spur. Vielmehr schrieb er in seinen Memoiren: »Wäre ich nicht ich, sondern mein eigener Enkel gewesen, dann hätte ich auch als Besiegter zurückkehren und trotz der Verluste weiterregieren können.« In Wurschen duftet es derweil nach Flieder. Ein Bauer bietet Junghühner zum Verkauf an. Auf einem Hügel in der Nähe kämpft keiner mehr, sondern Solaranlagen liefern Strom.

Weiter im Osten, sieben Kilometer von Wurschen entfernt, liegt Weißenberg, Wospork sagen die Sorben. Da muss Steimle hin. Denn das 1.000-Seelen-Dorf besitzt alles, was eine kleine Gemeinde braucht, und noch etwas Welteinmaliges mehr: das Pfefferkuchenmuseum. Es überlebte Napoleons Besuch – auch den von Uwe Steimle. Aber im 30-jährigen Krieg hatten die Schwe-

Das Museum »Alte Pfefferküchlerei« in Weißenberg

den Weißenberg niedergebrannt. Geschundene Gegend, die immer wieder aufstand. Seit dem 17. Jahrhundert arbeiteten hier Pfefferküchler. Eine der Familien hieß Bräuer und baute nach dem Krieg ihr Ständehaus neben der Apotheke am Markt, heute August-Bebel-Platz, im Fachwerkstil wieder auf. Diesmal versahen sie es im vorauseilenden Ungehorsam mit einem feuerfesten Dach. So überstand ihre Pfefferküchlerei den Stadtbrand von 1787. Der Pfefferküchlermeister Paul Hermann Opitz arbeitete und lebte in dem Haus, bis er es 1937 an die Stadt Weißenberg vererbte. Er war der letzte Nachkomme der Pfefferküchlerfamilie Bräuer.

Ein feines Gebäude, das von dem Handwerk erzählt, das heute vor allem mit Pulsnitz verbunden ist. Sirup, Honig, Mehl, Wasser, Pottasche und Hirschhornsalz gehören zu der essbaren Mischung des Gebäcks. Es kommen noch Zimt, Nelken, Muskat, Macisblüte, Kardamom, Koriander und Ingwer hinzu. Im Pulsnitzer »Haus des Gastes« am Markt sitzen Damen und erklären das Rezept. In den Räumen hängen Werkzeuge, liegen Blechbüchsen von anno dunnemals und Papp-Pfefferkuchenhäuser, wie sie zu DDR-Zeiten verkauft wurden. 4.000 Pfefferküchler-Sammlerstücke besitzt das Museum.

Ab September steppt in der Stadt der Pfefferkuchenmann so heftig, dass Pulsnitz plötzlich aus allen Mehltüten platzt. Am ersten Wochenende im November schwebt süßer Duft über dem Marktplatz. Da ist dann Pfefferkuchenmarkt. Ansonsten sind die Honigkuchenmacher wie Handrick, Gräfe, Groschky, Löschner, Nitzsche, Schäfer, Spitzer, Zeiler und die Lebkuchenfabrik Frenzel beschei-

Diese Pfefferkuchen machen glücklich …

den. Manche sagen sogar, Pfefferküchler wären geizig. In Wahrheit sorgen sie nur vor. Man kann ja nie wissen, wie es kommt.

Bei Spitzers unweit des Marktes geht es in ein schmales Lädchen, die Zeitreise in die Vergangenheit ist perfekt. Es könnte in den 1920er-Jahren sein oder 1950, aber keinesfalls jetzt. Aber genau so ist es gut und charmant. Auch bei Groschky ist es gestern. An der Tür hängt ein Schild: Honig- und Lebkuchen seit 1825. Und dann steht da noch: *Bitte eintreten ohne anzuklopfen.* Jeder ist willkommen. Auf dem Holztisch liegen das Backwerk und eine Spezialkreation: Rietschelkuchen. Schließlich sollen Ernst Rietschels Vorfahren die Pfefferküchlerei gegründet haben. Gegenüber der Bäckerei steht das Geburtshaus des berühmtesten Bildhauers des Klassizismus. Goethe und Schiller, wie sie vor dem Nationaltheater in Weimar stehen, stammen von dem Pulsnitzer Künstler. Inzwischen stellt der Rietschel-Kulturring e.V. in der Ostsächsischen Kunsthalle der Stadt Skulpturen und grafische Werke aus. Man sollte anfangen, auch den Pfefferküchlern Denkmale zu bauen. Sie haben es verdient. Sie machen die Stadt berühmt.

So berühmt wie eine Stadt ganz am Ende des Ostens, die der Heimatbummler am liebsten für längere Zeit

Ein typischer Rhombenkuboktaeder = der Herrnhuter-Stern

besuchen würde. Ein Tag gibt zu wenig her, um alles zu erkunden. Hier lernt er den Begriff Rhombenkuboktaeder. Wie bitte? Ja, Rhombenkuboktaeder.

Ivonne Lehmann spricht das Wort so leicht aus, als hätte sie es erfunden. Hat sie nicht. Aber sie lebt davon, baut täglich das geometrische Gebilde zusammen. Sie sternelt. Das ist eine ziemlich zackige Angelegenheit. Es scheint auf den ersten Blick, als würden von einem Würfel Ecken und Kanten abgeschnitten und Pyramiden aufgesetzt. Doch es scheint nur so. 17 viereckige und acht dreieckige Zacken fügt die Oberlausitzerin zu einem Stern zusammen. Nein, nicht irgendein Stern, sondern der Stern, der Herrnhuter, der so aussieht, als wäre er am Weihnachtsabend in Bethlehem vom Himmel gefallen. Wie einen Kaktus hält Lehmann den Winzling mit 25 Stacheln zwischen den Fingern. Von Spitze zu Spitze misst er 13 Zentimeter, es ist der kleinste aus der Manufaktur.

Die 41-Jährige ist eine von drei Frauen, die es meisterlich beherrschen, den Stern aus Papier herzustellen. Seit sechs Jahren arbeitet sie in der Manufaktur, anderthalb Jahre dauerte es, bis sie die nötige Perfektion erreicht hatte. Jetzt rollt sie mit den Händen präzise das vorgestanzte Papier, faltet mit einem Messer schmale Falze, leimt sie ein, lässt die kurz trocknen, klebt dann mit einer Pinzette Zacke für Zacke zu einem Kranz, weiter zu einer halben Zackenkugel. Nun fügt sie zusammen, was zusammengehört, stabilisiert die Spitzen mit einem Tropfen Leim. Rollen, falten, kleben, trocknen: Andert-

halb bis zwei Stunden dauert es, solch einen Papierkameraden herzustellen. Zehn Stück schafft sie an guten Tagen.
Die Frau, die im benachbarten Oderwitz wohnt, zeigt ihr Handwerk in der Herrnhuter Schauwerkstatt, die es seit vier Jahren gibt. Ivonne Lehmann lässt ihre Finger bestaunen, und sie staunt zugleich über den Ansturm. Die alten Fabrikgebäude wurden vor fünf Jahren abgerissen, sie waren altmodisch und zu eng. Ein quadratisch praktischer Neubau mit großen Glasflächen entstand. Draußen vor den Fenstern glimmen die kleinen weißen Sterne im Zwölferpack als Lichterketten in den Bäumen auf dem Vorplatz. Wie gerade gelandete Asteroiden. Innen im Foyer gleißen gelbe Sterne den Raum sanft in ein weiches Quittenlicht. Über 55.000 Besucher lassen sich pro Jahr in Herrnhut erklären, was es mit dem leuchtenden Rhombenkuboktaeder auf sich hat. Einer von ihnen ist Uwe Steimle. Er erfährt, dass das Polyeder den Grundkörper darstellt. Er lernt, dass die Leuchtfigur tatsächlich dem Morgenstern in Bethlehem gleicht, dass der aber gar kein Stern ist, sondern der hellste Planet am Himmel, nämlich die Venus. Sie hören, dass Angela Merkel den größten hat: Ihr Stern mit einem Durchmesser von 2,50 Metern baumelt an Stahlseilen im Berliner Kanzleramt. Auch Joachim Gauck lässt in Schloss Bellevue einen der großen Herrnhuter Sterne leuchten, in der Dresdner Frauenkirche und am Zittauer Rathaus hängen Exemplare mit 1,90 Meter Durchmesser. Mit gelben Sternen leuchtet Koblenz seinen Weihnachtsmarkt aus, Freiburg mit roten und

Die Herrnhuter Sterne-Manufaktur

Hamburg mit weißen. Glühende Landschaften im einig Vaterland. Aber auch in Liverpool, London, Island oder Dubai blinkt es hell aus dem Osten.

Ursprünglich handelt es sich bei der Bastel-Venus gar nicht um ein Manufakturprodukt, sondern um eine pädagogische Maßnahme. Der Stern stammt auch nicht aus Herrnhut, sondern aus Niesky. Die geschichtlichen Details werden penibel erforscht, denn zu einer guten Manufaktur gehört eine gute Legende. Nur so viel: Der Grund und Boden von Herrnhut gehörte einst dem Grafen von Zinzendorf- und der war so nächstenlieb, dass sich hier 1722 die aus ihrer Heimat vertriebenen böhmischen Protestanten niederlassen durften. Die Flüchtlinge fanden »unter des Herrn Hut« eine Herberge und waren zudem »für den Herrn auf der Hut«. Ihre Vorfahren hatten zur Bewegung um den tschechischen Reformator Jan Hus gehört und 1457 die Brüder-Unität gegründet, die nun in der Lausitz ihren Sitz fand. Dazu gehörten verschiedene Schulen: Eine für Mädchen befand sich in Herrnhut, eine zweite für Jungen in Niesky. Dort bastelten die Kinder schon Ende des 18. Jahrhunderts Sterne, um ihr räumliches Vorstellungsvermögen zu schulen.

Außerdem gab es das schöne Kirchenlied »Morgenstern auf finsterer Nacht« von Johann Scheffler, das der Graf in seinem 1727 herausgegebenen Bet- und Singbüchlein aufgenommen hatte und das vom Nachwuchs zur Adventszeit gesungen wurde. Es klingt also logisch, dass irgendwann der Stern nicht nur besungen und im Unterricht gebastelt wurde, sondern dass man ihn sich

Schulklasse beim Schmücken der Internatsstube Mitte des 19. Jahrhunderts

ins Schulhaus und die gute Stube hing. Es gab bis 1867 allerhand Sternebastler, aber erst aus jenem Jahr stammt der erste namentlich bekannte Hersteller eines Adventssterns. Es war ein Lehrer, der als Schüler die Geometrie in Niesky lernte und später in Herrnhut lehrte. Hermann Bourquin lebte im 19. Jahrhundert im Internat der Brüdergemeinde und sternelte in der Vorweihnachtszeit mit seinen Schülern. Er wollte ihnen aber nicht nur Geometrie erläutern, sondern ihm schien das Basteln eine gute Möglichkeit, den Kindern ein herzliches Weihnachtsfest zu bereiten. Denn die Eltern vieler Schüler waren als Herrnhuter Missionare in fernen Ländern unterwegs. Der Stern sollte Trost spendendes Symbol für die Worte des Engels sein: »Fürchtet euch nicht!«

Dabei blieb es nicht, schließlich sind die Herrnhuter geschäftstüchtige Christen. So begannen sie in gemeindeeigenen Manufakturen mit der Herstellung ihrer Sterne. Begünstigt wurde der Vertrieb durch eine Erfindung des Buch- und Musikalienhändlers Pieter Hendrik Verbeek. Er war auf die Idee gekommen, die Sterne zusammengelegt zu versenden, die Zacken wurden auf einem Blechkörper, einem Rhombenkuboktaeder, angebracht. 1894 eröffnete er seine Buch-, Kunst-, Musikalien- und Papierhandlung. Bis heute ist es das Stammhaus der Manufaktur. Verbeeks Sohn Harry führte den Laden seines Vaters weiter und gründete 1924 die Sterngesellschaft mbH, die zum ersten Mal Adventssterne ohne Blechkörper fertigen konnte.

Der Herrnhuter Stern überstrahlte alle Gesellschaftssysteme. Auch während des Zweiten Weltkriegs lief die

Produktion, 1945 wurde die Herrnhuter Sterngesellschaft verstaatlicht. 24 Jahre stellte der sozialistische Staat nicht etwa rote Sowjetsterne, sondern Weihnachtssterne her. 1969 kam es jedoch zu einer vermutlich einzigartigen Reprivatisierung. Wegen der stets steigenden Nachfrage und gravierender Produktionsprobleme bot der Staat der Brüder-Unität an, den Betrieb wieder zu übernehmen. So kam es, und der Export in den Westen florierte.

Mit Glück bekam auch ein DDR-Bürger einen Herrnhuter Stern zu kaufen, allerdings nur den gelb-rot gescheckten mit einem Durchmesser von 60 Zentimetern. Der wurde von Generation zu Generation weiter vererbt. Nach den Festtagen kam er, sorgsam demontiert, in Einzelteilen in eine Kiste auf den Boden, um ihn dann jedes Jahr neu zu entdecken. Kinder und Eltern sternelten gemeinsam im Advent zu Hause das Wunderding zum großen Ganzen und brachten Licht ins Dunkel. Das ist Steimles Welt. Er erhebt den Stern zum Weltkulturerbe und weiß doch, dass er schon längst dazugehört, auch wenn er tief aus dem Osten kommt, da wo die Sterne aufgehen.

Dr. Jörg hat auf

Station 10

von Uwe Steimles obligatorischem Weltkulturerbe

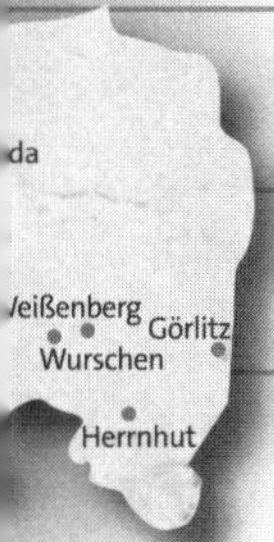

Rindsroulade mit Soße, zwei Klößen und Rotkraut ...

In meinem Wartburg, Baujahr 1967, saß ich, abgefedert durch Schraubenfedern und Einzelradaufhängung, und rollte zur Mittagszeit unterhalb der Burg Scharfenstein durchs Tal der Ahnenden. Doch bald konnte ich ahnen, dass eine mit Kreide gemalte Aufschrift an einem Kiosk ein Abenteuer für mich bereithalten musste und mich deshalb anzuhalten zwang.

Folgender Spruch am Kiosk lud mich ein: »Dr. Jörg hat auf.«

Sie, liebe Leser, hätten auch angehalten. Wer ist Dr. Jörg? Weshalb ist er da? War das gestern verkaufte Essen schlecht und behandelt er deshalb die dagewesenen Gäste? Hat Dr. Jörg immer auf? Verbirgt sich im Kiosk eine Arztpraxis? Oder kocht hier ein abgehalfterter Akademiker? Am Ende noch molekular?

Unser Fernsehkollektiv betrat neugierig den Suppenpavillon. Ein wohlriechender Bratenduft empfing uns.

Ich ignorierte meinen Mittagsappetit und fiel mit der Tür ins Haus, als der kotlettierte Mann hinter dem Tresen ein »Sie wünschen?« zurief: »Was bedeutet der Spruch draußen auf dem Aufsteller an der Tür?«

»Ihr Städter habt nie Zeit, das heißt nicht: Dr. Jörg hat auf, sondern: Dor Jörg hat auf und der Jörg bin ich. Und was wollt Ihr nun? Ich habe Rouladen, Spanferkel, Buttermilchgetzen.«

Ich lachte herzhaft und fast schon peinlich laut los. Wieviel Hinter-, Vorder- und Seitensinn steckt doch in unseren Erzgebirglern. Dieser schlaue Junggastronom tauschte absichtlich einen Punkt gegen einen Buchstaben und brachte gleich unsere Sprache und sein Geschäft zum Leuchten. Hier hatte einer genau meinen Humor und deshalb ernenne ich diesen Rouladenzauberer mit seiner Roulade ohne Gurke wohlgemerkt zum Weltkulturerbe. Falls Ihnen diese Begründung nicht ausreicht, dann überzeuge ich Sie mit dem Preis: Eine Rindsroulade mit Soße, zwei Klößen und Rotkraut erhielt ich unterhalb der Burg Scharfenstein am 25.3.2015 für 4,50 € und es hat geschmeckt.

Hier lockt der Rouladenzauberer

Das Gegenteil von gut und günstig, nicht zu verwechseln mit billig, zeigt eine Begegnung im kleinen Städtchen Olbernhau. Unsere Fernsehteamkollektivmannschaft war auf dem Weg nach Pobershau, in Olbernhau. Auf dem Weg dahin entdeckte ich eine Bank, und unmittelbar daneben gab's ein kleines Antiklädchen. Sie ahnen, die Bank war keine Garten- und auch keine Parkbank und im Antikladen lockten handgefertigte Nussknacker, Pyramiden und Bergmänner zum Abverkauf. Besonders die Bergmänner leuchteten mir direkt ins Herz, sie strahlten durch Originalität. Jeder sah anders aus und einer der Bergmänner aus dem Jahr 1876 war besonders weich und leicht. Die Verkäuferin reagierte: »Sehen Sie, Herr ... Früher hatten die armen Leute oft kein Geld für handgeschnitzte Bergmänner aus dem Erzgebirge und so gingen sie sich selber zur Hand und schnitzten manch Stück Lindenholz zu einem Bergmann. Ja, Not macht erfinderisch.«

Lieber Leser, lassen Sie sich diesen völlig unsinnigen Satz auf der Zunge zergehen und lesen Sie den gleich noch einmal!

»Sehen Sie, Herr ... Früher hatten die armen Leute oft kein Geld für handgeschnitzte Bergmänner aus dem Erzgebirge und so gingen sie sich selber zur Hand und schnitzten manch Stück Lindenholz zu einem Bergmann. Ja, Not macht erfinderisch.«

Natürlich stutzte ich auch.

Die Verkäuferin fuhr unbeirrt fort: »Könnte Sie dieser hier interessieren?« Ich fragte gleich nach, ob sie den Bergmann meint oder den Preis. Beides natürlich, denn letztendlich definiert sich ja die Holzschnitzkunst über den Abverkauf geldwerter Mittel.

Unser Verkaufsgespräch verlief armselig weiter. Ich wollte gern erfahren, wieviel dieser individuell gefertigte, originell-originale Bergmannsleuchtenträger nun kosten sollte, den sich die armen Menschen damals auch nicht leisten konnten.

»Sehen Sie selbst, Herr .... Ihr Preis steht unten auf dem Sockel.«

Jetzt war es zumindest schon mein Preis und der betrug 700 €. Jetzt wissen wir alle, wie arm die armen Bergleute 1876 wirklich waren und wie arm auch ich noch heute bin. Ich habe ihn nicht gekauft. Obwohl ich meinen Preis schon hatte, habe ich den Bergmann stehenlassen, auch aus Ehrfurcht vor Preis und Leistung, denn was hätten sich die armen Schnitzer dafür alles kaufen können.

Natürlich geht diese Rechnung nicht auf. Denn die Schnitzer schnitzten ja für umsonst, weil für sich. Aus Not am Bergmann entstanden, schufen erst die Jahre den Preis, und inzwischen sind die Schnitzwaren unbezahlbar. Wann werden wir endlich wieder konstant erleben dürfen, dass Satte hungrig werden, dass einer, der Schulden macht, dafür nicht belohnt wird, der Ehrliche nicht der Dumme und ein Räuber kein Held ist, kurz dass Gott nicht käuflich zu werden droht.

Dass die Zeit aus den Fugen ist, erfuhr ich an und zu Ostern in Meißen.

Ostersonnabends und eben nicht am Ostersamstag schlich ich auf den Burgberg hinauf und die meisten Lädchen waren geöffnet. Auch mein Lieblingsvietnamese hatte den Laden offen, Sie wissen, das ist der, der noch vor einem Jahr »Deutsche Bananen« anbot. Offenbar stockte der Nachschub, der clevere Geschäftsmann greift nun auf die Köstlichkeiten Indiens zurück. Seit Anfang April verkauft er nun indische Weintrauben von »Eurofruit«. Inzwischen ist einfach alles normal und logisch, Tchibo verspricht uns ja auch jede Woche eine neue Welt. Als im Restaurant nebenan dem Gast, also mir, dann eine indische Osterplatte angepriesen wurde, zweifelte ich dann doch noch an Ostern »an Ostern«. Ostern, Western, alles ist austauschbar.

Danke, liebe Leserschaft fürs Lesen. Was raus muss, muss raus. Das Schreiben von Hand gehört für mich ebenfalls zum Weltkulturerbe. Noch verfügen viele von uns über eine eigene Handschrift und schreiben mit Füller. Ein noch kleinerer Teil mahlt den Bohnenkaffee noch von Hand und mit Mühle. Diese sind auserkoren, auserlesen und ganz weit vorn. Sie wissen: Wer lange genug altmodisch bleibt, ist irgendwann wieder einmal modern.

Nehmen Sie sich Zeit. Zeit ist Gnade.

Die Merkwürdigkeiten gehen nicht aus. Weshalb gibt es überall auf der Welt in den Eiscafes »Schwedeneisbecher«, nur in Schweden nicht?

Mein Grab

Station 11

von Uwe Steimles obligatorischem Weltkulturerbe

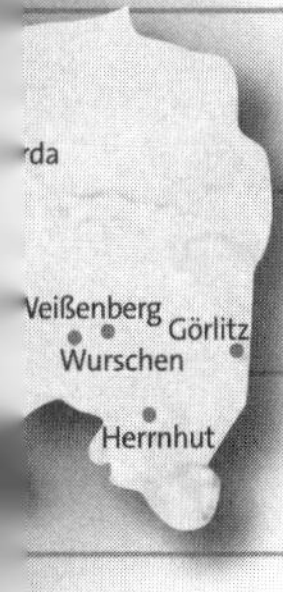

Der alte katholische Friedhof zu Dresden.

1722 ins Leben gerufen

Am 26.11.2014 bekam ich in der Sendungsaufzeichnung zu »Steimles Welt« mein eigenes Grab zugeeignet.

Und das kam so.

Seit jeher sind Friedhöfe für mich magische Orte. Mir ist's, als wäre es gestern gewesen, dass Mutti mich sanft beim an der Kloppstange Turnen, samstags, kurz vor'm Makkaroni- Mittagessen, mahnte: Lommel, tröd-le nicht, komm gleich hoch, wenn ich dich rufe, bitte ohne zusätzliche Bauchwelle, denke dran, wir wollen gleich nach dem Mittagessen auf den Friedhof. Nochmal: Wir wollen auf den Friedhof, der Opa wartet.

Ein leise schauriger Fröstelhusch durchfuhr mich immer, wenn ich das rostige Eisentor zum Markusfriedhof aufstieß. Das Tor quietschte mir immer entgegen: Solange du mich hörst, bist du am Leben, deshalb: Komm nicht auf die Idee, mich zu ölen!

Heute, rund fünfundvierzig Jahre später, bin ich aber dienstlich im traurigen Monat November auf dem alten katholischen Friedhof meiner Heimatstadt Dresden.

Davon muss ich Ihnen berichten.

Es begrüßte mich eine fröhliche Friedhofsgärtnerin, ihre blauen Augen strahlten und schon von weitem rief sie mir, Laub rechend, zu: »Herr Steimle, na, das is mir aber eine große Freude, dass Sie uns hier mal besuchen, wo wir doch so gerne Ihre Sendung gucken. Wunderbar, so richtig wie aus dem Leben is das, was Sie in der Sendung zeigen. Aber wissen Sie was, jetzt, wo Sie gerade mal da sind, wolln mir da ni gleich mal gucken, ob wir bei uns och noch e schönes Plätzl für Sie finden? Verdient hätten Sie es ja.«

Ich war so geplättet, dass ich nicht wusste, was ich sagen sollte. Und dieser Zustand kommt bei mir im Jahr höchstens zweimal vor.

»Für mich e Plätzel?«, fragte ich, mich langsam wieder fangend, nach. »Vielleicht neben Casanova«, ich war wieder fit.

»Könnse gerne ham, es ist aber nur der Bruder von Casanova und ob se sich mit dem groß über die holde Weiblichkeit unterhalten können, wage ich zu bezweifeln, der richtige liegt in Dux.«

Die Friedhofsgärtnerin Frau Kretzschmar gärtnert auf diesem Friedhof seit 15 Jahren, kennt jedes Grab und dessen Geschichte wie aus der Westentasche.

Uwe und die freundliche Friedhofsgärtnerin

»Guggen se dorthin, dort liegt unser Permoser.« Sie wies mit dem Grubber unmissverständlich, ja todsicher auf dessen Platz. Platz B 7.5. »B steht für die Künstler, alle Künstler liegen in B, die erste Ziffer, also hier die 7, steht für die Reihe, die 5 benennt den Platz in der Reihe, von links beginnend.« Die leidenschaftliche Frau Kretzschmar versprühte eine solche Lebensfreude, dass mir das Wort Friedhof neu buchstabiert erschien.

Ja, hier herrschten Ordnung und Frieden, und ich fühlte Vertrauen.

Also fragte ich, ob sie hier gerne arbeite.

»Im Sommer bis zum Umfallen und bis in die Puppen, und generell bis in den Winter hinein. Ende Dezember ist Schluss, da drehen wir die Wasserleitung zu und ich feiere dann die Stunden ab. Herr Steimle, aber lenken se mal ni ab, weshalb sind Sie denn bei uns?« »Die Neugier«, antwortete ich ehrlich, »noch nicht die Sehnsucht.«

Die erfahrene Wandlerin zwischen den Welten greift meinen Gedanken sofort auf und tröstet beschwichtigend: »Mor kann heutzutage gar ni zeitig genug anfangen, sich sei Plätzel zu suchen, was se ham, Herr Steimle, das ham se.« Ihr Zeigefinger zeigt in den Himmel. »Was Sie jetzt bezahlt haben, das können Ihnen Ihre Angehörigen oder och die Verantwortlichen in der Sieche nicht mehr streitig machen. Jetzt aber mal ernsthaft, wissen Sie, wie viele Menschen sich vorher um gar nichts mehr kümmern? Ich will meinen Kindern nicht zur Last fallen. Oder: Für mich reicht die Wiese, was sind denn das für Sätze? Da machen sich die Menschen schon vorher klein, als wären sie nichts wert.«

Liebe Leser, Sie wissen, dass ich ja mitunter die gehörten Sätze etwas aufpeppe, aber was mich an der lebenserfahrenen Friedhofsgärtnerfrau beeindruckte, waren ihre klaren Gedanken und ihr klares Wort. Das Leben findet eben auch und gerade auf dem Friedhof statt.

Da traute ich mich doch glatt die Frage zu stellen, ob ich, als gläubiger Mensch, aber eben als Nichtkatholik, überhaupt Eingang fände auf dem geweihten Gottesacker. »Ach, Sie wären ni der Erste, den mir hier noch mit unterkriegen, wollen Sie lieber Sonne oder Schatten?«

Jetzt wurde es für mich ernst, das spürte ich schon zu Lebzeiten. Denn die Frage und deren Beantwortung sind nicht unerheblich, denn ich muss ja dort dann eine Weile liegen. »Hmh«, entsprang es meinem Munde, »vielleicht dann am besten Halbschatten.«

Am liebsten läge ich neben Permoser. Für alle Uneingeweihten: Permoser ist der Baumeister des Dresdner Zwinger und der Sandsteingott überhaupt. Neben dem will ich liegen.

Und ich stellte mir sofort vor, wie der große Dresdner Friedhofsführer Christian Pötzsch auf seiner Friedhofs-App verkündet: »Und hier, neben unserem großen Oberhofbaumeister Permoser, dem Erbauer des weltberühmten Dresdner Zwinger, liegt bald das Arbeiterkind Uwe Steimle.«

Napoleons geliebte Freundin, die ihn, den größten Schlachter aller Zeiten, dann doch an die »anderen« verriet, ruht auf dem alten katholischen Friedhof in der Dresdner Friedrichstadt, jawohl.

Carl Maria von Weber, der erst in London zu Grabe getragen und dann von Richard Wagner »heim« geholt wurde, ruht hier auf geweihtem Kulturacker. Kurz vor Weihnachten fand die Neueinbettung statt, Frau Kretzschmar war damals allerdings noch nicht hier beschäftigt.

Polnische Adelige, Kunstwaffen nachbauende Fälscher, viele, viele erlagen dem Charme des Gottesplatzes …

Wie im Himmel, so auf Erden, und auch deshalb müsste ein Sonnenplatz deutlich teurer sein als Halbschatten – und vielleicht ist der Totalschatten dann schon erschwinglich? Ich bin neugierig und auch Geschäftsmann und möchte es jetzt wissen: Im Jenseits ist guter Rat teuer und Handel billig, äh billigend ausgeschlossen. Mit Toten lassen sich nun mal keine Geschäfte machen, eine der lebenserhaltenden Weisheiten meiner Großmutter.

Der Liegeplatz ist das Eine, es kommen die Grabpflegekosten dazu, 160 € im Jahr, das sind dann 320 Deutschmark. Ich kenne Kollegen, zugegeben Kabarettisten, die denken sich … Hat doch schon mal geklappt, keiner hat es gemerkt.

Ich frage bei Frau Kretzschmar nach, ob denn 160 € nicht ein bisschen viel Gebühr für die Pflege sei.

Auf diese Frage hat wohl noch keiner der Interessenten verzichtet, und, wie aus der Pistole geschossen, bekomme ich deshalb eine Antwort. »Herr Steimle, wir gießen hier im Hochsommer bis zu drei mal täglich, wenn Sie meinetwegen in Omsewitz wohnen, kommen Sie da drei mal hier runter gekutscht, um zu plumpen?

Nee, schon alleine des Fahrgeldes wegen nicht. Wenn Sie hier liegen, können Sie sowieso nicht gießen kommen, dafür haben Sie ja dann auch mich, und zu teuer liegen Sie hier sowieso nie, in keinem Fall.«

Schon hatte ich wieder gespart, trotzdem musste ich noch auf mein Plätzchen im Halbschatten zurückkommen. Hier leider endeten die Kompetenzen von Frau Kretzschmar, sie war nur für die Beratung vor Ort zuständig.

Entweder weniger oder mehr Schatten, das bedeutet aber auch höhere oder niedrigere Kosten. Ins Erdreich an den Eingang neben Permoser oder nicht neben Permoser, ich könnte das mit der Finanzverwaltung des Friedhofes durchrechnen.

Danach sollte ich schnurstracks Kontakt zu meiner Lebensversicherung aufnehmen, die mir hoffentlich sagen kann, wie lange ich noch leben muss, bis es soweit ist – nicht, dass Sie denken, ich lebe für den Tod, nein, ich spare …

Seit November 2014 gehört auch der alte katholische Friedhof zu »Steimles Welt«.

Von wegen trauriger Monat, ein Wonnemonat war es, mit 20 Grad in Sonne und Schatten und Halbschatten. Irgendwann in ferner Zukunft zu Permosers Füßen liegen zu können, davon hätte ich nie zu träumen gewagt.

Ich danke dem Herrn.

Ich danke Frau Kretzschmar, der überaus lebendigen Friedhofsgärtnerin.

Es sind immer die Lebenden, die unsere Erdenzeit adeln. Meine Kirche ist der Mensch.

Es gab einen Friedhofsberuf, den das Zeitliche gesegnet hat, der also ausgestorben ist. Es ist der Beruf des Totenbettwächters. Dieser Wächter hatte eine eigene Dienstwohnung auf dem Gelände und harrte der Dinge, die hin und wieder auftraten.

Um Scheintote vor der Qual des Erstickens zu retten, bekamen diese einen Strick mit in den Sarg gelegt, der durch das Erdreich gelegt bis in das Zimmer des Totenbettwächters reichte. Zog ein Totgeglaubter am Strick, flugs sprang der Wächter auf und errettete den lebendig Begrabenen.

Seit Friederike Kempner, der Meisterin unfreiwilliger Komik, ist die Zeit des Aufbahrens in Leichenhäusern festgelegt auf drei Tage.

Es kommen also auch Nichtkatholiken in den Genuss, nicht unter der Erde das Zeitliche segnen zu müssen, wenn sie noch nicht dran sind.

August der Starke ließ Beerdigungen innerhalb seiner Familie immer morgens früh um vier durchführen. Noch vor dem Aufstehen hieß es also Abschied nehmen. Seit dieser Zeit gilt: Alles in Sachsen, was vor 8.00 Uhr passiert, das passiert zu unchristlicher Zeit.

Jetzt, da die Kameras für die Fernsehaufzeichnungen ausgeschaltet sind, überlege ich mir, ob ich den Mut aufbringen werde zu prüfen, ob das Tor am Markusfriedhof quietscht...

Der alte Katholische Friedhof wurde 1722 ins Leben gerufen.

Justin S.

Es ist ein 23. April, der mich zum Staunen bringt. Jedes Jahr feiert an diesem Tag jemand seinen 2. Geburtstag, genaugenommen feiert dieser Mensch, geboren zu sein, zweimal jährlich.

Am 23. April vor 70 Jahren wurde der damals 20-Jährige von den Amerikanern aus einem Konzentrationslager befreit, es gab also eine Zeit, da waren die Amerikaner ausschließlich Befreier. Der inzwischen fast 90 Jahre alte Chemnitzer feiert seinen Geburtstag in seiner Heimatstadt Chemnitz mit großer Lebensfreude, unbändigem Optimismus und sächsischem Sahnekuchen, mit Freunden in großer Dankbarkeit ans Leben.

Der Sachse sagt dazu: »Nu grade«.

Er ist ein: Überlebender des Holocaust,
ein Auschwitz-Überlebender,
ein 16 Selektionen- Überlebender.

Selektion, dieses Wort bedeutete damals wahlweise Auslese oder Todesurteil. In Auschwitz jedoch bedeutete ein »oder« meist nur eine Auslese bis zum Todesurteil.

Die Nutzer dieses Wortes haben die Verwendung des deutschen Wortes Selektion in unserem Alltag für immer unmöglich gemacht. Ich denke an sehr gründliche und abscheuliche deutsche Taten, wenn ich »Selektion« höre. Victor Klemperer hat mich in seinem »LTI«, dem Werk über die Sprache des Dritten Reiches, sensibilisiert. Ich achte auf meine Sprache.

Dankbar bin ich dafür, einen besonderen Menschen kennengelernt zu haben. Er ist immer freundlich, herzlich und unverstellt. Ein sehr leiser Mensch, mich beeindruckt seine Fähigkeit, sich zu freuen. Er freut sich tagtäglich darüber, in Freiheit leben zu können. An jedem Morgen, an dem er die Augen aufschlägt, ist er frei.

Wenn dieser kleine, große Mann vor Schulklassen spricht, mahnt er höchstens sanft.

Bei jedem neuen Erzählen weint er für alle getöteten Mitgefangenen Tränen. Er kann nicht vergessen, dass auch 16-jährige Kinder gehängt wurden, weil sie Brot stahlen. Vor 1.000 Häftlingen schrie dieser eine Junge auf dem Appellplatz ein Wort, dass in allen Sprachen gleich klingt: »Mama«. Noch am Galgen, kurz bevor der Strick die Gurgel zum Atmen abschnürt, hat dieser namenlose junge Brotdieb so nach seiner Mutter geweint, dass dieser Moment unauslöschlich in die Seele des heute 90-jährigen Überlebenden eingebrannt ist.

Nach wem wird die kollektive Menschheit rufen, wenn uns der Planet um die Ohren fliegt? Ich ahne es. Aber unsere Mutter Erde braucht uns nicht. Wir jedoch brauchen sie. Sie wird die Lästigen abschütteln. Neun Milliarden sind zuviel des Guten, besser des Schlechten. Schlecht ist der, der sich herausredet und von allem nichts gewusst haben will. Wie rief mir eine alte Frau in Dresden in der Garagengemeinschaft zu: »Herr Steimle, wir haben das mit den Konzentrationslagern nicht gewusst. Wo hätten wir es denn her wissen sollen, wir hatten doch Angst, selbst dahin zu kommen.«

Auch heute geschehen täglich Völkermorde.

Weshalb ziehen wir die Kosten für Asylheime nicht gleich von der Rüstungsindustrie ab? Gleich könnten die Minister und Ministerinnen proportionale Gleichungen für Rüstung und Folgekosten verwenden.

Oder ist es günstiger, die Flüchtlingsheime gleich auf dem Gelände von Heckler & Koch zu errichten? Die armen Flüchtlinge sähen am Ende gleich wieder einen Sinn in ihrem Leben, es gäbe gleich Arbeit.

Wir alle haben nur eine Heimat. Wir alle haben nur eine Welt.

Viele Menschen können sich eher einen Kapitalismus ohne Welt vorstellen als eine Welt ohne Kapitalismus.

Als ich den Auschwitzüberlebenden zum ersten Mal in seiner Wohnung besuchen durfte, gab es echten Bohnenkaffee und wir aßen Kuchen.

Am Ende war sein Kuchenteller komplett sauber, man hätte ihn als abgewaschen in den Schrank stellen können. Kein Krümel war mehr zu sehen. Mein Staunen wurde bemerkt und lachend beantwortet: »Gelernt ist gelernt, bei mir kommt nischd um.«

Als ich ihn fragte, ob er an Gott glaube, wurde er jedoch scharf, brummig und aggressiv: »Gott? Wo war denn Gott in Auschwitz?«

Wie kann einer 16-mal glücklich dem Tod entkommen, woher kommt dieser Lebenswille, hattest du denn niemals Angst? Ich frage ihn danach und bekomme nach kurzem Überlegen die Antwort des ehemaligen Häftlings mit der im Unterarm eintätowierten Nummer 105027, dabei schmeckt er seinen Worten nach, als ob er sich vergewissern will, was er da formuliert, weil es ihm so noch nicht über die Lippen gekommen ist: »Durch Spiel, ja Uwe, ich habe mit dem Leben gespielt, sicher oft unbewusst, ohne heilsame Verwandlung wäre ich verrückt geworden vor Angst. Ich habe mein Überleben nicht mehr verdient als andere. Ich hatte Glück.«

Liebe Leser, ich erzähle Ihnen von diesen Begegnungen, weil Sie wissen sollen, welchen Namen dieser Schutzhäftling mit der Nummer 105027 hat.

Er heißt Justin Sonder.

Längst ist ein Bundesverdienstkreuz für ihn fällig. Es ist bereits überfällig, schon allein für seine unermüdliche, ehrenamtliche Zeitzeugenbeobachtungsarbeit vor Schulklassen. Dafür, dass er sich regelmäßig seinen furchtbaren Erinnerungen stellt und so gütig und weise vor jungen Menschen spricht.

Weshalb hat er noch keine Ehrung?

Der nichtgläubige Jude Justin glaubte nach dem 2. Weltkrieg an ein besseres Deutschland, blieb seiner Heimatstadt Chemnitz treu und ging zur Kriminalpolizei.

Dafür musste er Genosse werden, das war seine Schuld.

Ein nichtgläubiger Jude, der der SED angehört und Bürger der DDR geblieben ist, bei so einem zählt Auschwitz nicht. Er gilt als Roter, nicht als Überlebender.

Ich habe einen wunderbaren Menschen kennengelernt und schäme mich. Armes Deutschland.

Hört jemand meinen Hilferuf?

Für das Bundesverdienstkreuz für Justin Sonder, der am 18.10.2015 90 Jahre alt wird.

Seinen 70. Geburtstag hat er bereits am 23.4.2015 gefeiert.

Ich erbitte ein Sonder-Bundesverdienstkreuz.

»Hungrig im Herzen bleiben.«

Im Gespräch mit Uwe Steimle

Wenn jemand dumm geboren wird,
da kann er nichts dafür.
Aber wenn er auch noch dumm stirbt,
dann muss er ganz schön blöde sein.
Uwe Steimle

Lieber Herr Steimle, wir halten es am besten so, wie Sie auf der Bühne: Der Beginn Ihres Auftritts steht quasi noch am Anfang, doch schon kommt volles Rohr aus schweren Kalibern.
Also – ohne Vorgeplänkel! 25 Jahre nach der, wie Sie den Vorgang konsequent nennen, Kehre, soll uns Willy Brandts Prophezeiung, dass nun zusammenwachse, was zusammengehöre, den Auftakt diktieren. Wie fällt – Brandt als Maßstab angelegt – die Bilanz des Kabarettisten Uwe Steimle aus?

Uwe Steimle: Willy Brandt war, wie ich mir erlesen habe, ein Ausnahmepolitiker, der über eine sehr seltene Gabe verfügte: die Höflichkeit des Herzens. Also die Fähigkeit, gesellschaftliche Prozesse nicht nur unter dem Aspekt der Machterringung und des Machterhalts oder nur mit kaltem Intellekt zu reflektieren, sondern auch vom Herzen her. Seine Formulierung vom Zusammenwachsen zeugt davon. Ich habe die übrigens immer als Wunsch Brandts verstanden, weniger als Prophezeiung oder gar als Imperativ. Und schön wäre es ja auch gewesen, aus dem Besten beider Seiten – Bildungssystem, frühkindliche Betreuung und Frauenemanzipation hier, Meinungs- und Reisefreiheit dort, um nur einige

Beispiele zu nennen – ein noch besseres Neues zusammenzufügen. Genau das ist aber leider nicht geschehen. Es erfolgte vielmehr der Beitritt der DDR zum Geltungsbereich des Grundgesetzes gemäß dessen Artikel 23 (so der Volkskammerbeschluss), und dieser Beitritt wurde dann de facto zu einer Einverleibung seitens der BRD.

Zugleich war der Zustand beider deutschen Gesellschaften 1990 nicht der beste, um es diplomatisch auszudrücken. Dass die Fassade im Westen noch glänzte, mag manchem den Blick dafür verstellt haben, dass auch die Bundesrepublik ein stagnierender Korpus mit mancherlei Schwächen war … Wenn aber, um ein Bild zu bemühen, ein Blinder und ein Lahmer sich »vereinigen«, was kann da schon herauskommen? Eine Blindschleiche. Eine große Chance jedenfalls, die Welt, und sei es zunächst nur die deutsche, etwas menschlicher zu machen, wurde vertan.

Pardon, das Bild mit der Blindschleiche nehme ich zurück; es täte dem armen Reptil arg Unrecht!

Heute gibt es längst keine wirkungsvolle Gegenwehr gegen die Auswüchse unserer nun gemeinsamen Gesellschaft mehr – etwa gegen das zunehmende Wohlstandsgefälle; Geld und nackter Ökonomismus regieren durch. Das Individuum hat bestenfalls noch den Wert eines Rädchens im System; läuft der Einzelne ökonomisch nicht oder nicht mehr rund, dann wird er erbarmungslos aussortiert, bevor er überhaupt zum Sand im Getriebe werden kann.

Das mit dem Zusammenwachsen ist also leider eine fromme Vision geblieben. Wie die von Helmut Kohl angekündigten »blühenden Landschaften« ... ehrlich gemeint waren die möglicherweise auch.

Gehen wir noch etwas ins Detail. Woran konkret ist der Brandtsche Wunsch gescheitert?

Uwe Steimle: Vor 25 Jahren gab es in beiden deutschen Staaten keine Mehrheiten dafür, ein gesellschaftlich neues Ganzes als Ziel auch nur anzuvisieren.

Zwar gingen in der DDR insgesamt nur ein paar Hunderttausend auf die Straße und skandierten:

Kommt die D-Mark, bleiben wir!

Kommt sie nicht, geh'n wir zu ihr!

Aber Millionen andere hielten die Hufe still. Es war das Gefühl für den Wert der DDR, für das Wertvolle in der DDR verloren gegangen. Dafür gehörte das Wissen darum, was für Westmark alles zu haben ist, in der DDR zur Allgemeinbildung. Ein zynischer Witz lautete später: »Was ist der Unterschied zwischen den Palästinensern und der DDR-Bevölkerung? Die Palästinenser kämpfen für ihren Staat.«

Auf der Gegenseite war die Bundesrepublik Deutschland aber auch kein eigenständiges Land, sondern eines von Washingtons Gnaden. Es galten noch Viermächterechte, und die Amerikaner hätten wohl kaum gestattet, dass sich ihr Hauptstützpunkt in Westeuropa aus der strikten Westbindung löst.

Und die herrschenden Kreise in Bonn sowie die westdeutsche Bevölkerung hatten keinerlei Interesse an gesellschaftlichen Veränderungen. Der bundesdeutsche

Wohlstandsmief war zwar angekratzt, aber noch schön gemütlich. Denen konnte also gar nichts Besseres passieren als Beitritt nach Artikel 23, denn das bedeutete: keine neue Verfassung für das neue Deutschland, keine vorgeschaltete gesellschaftliche Diskussion über deren Inhalte.

Es wurde ja dann auch kein neues, sondern nur ein noch etwas größeres Deutschland. Ohne Veränderungen im Westen. Die DDR hingegen wurde abgewickelt und niederkolonisiert. Nicht nur deren Eliten verschwanden von der Bühne, sondern auch viele von denen, die zuvor gerufen und wohl wirklich geglaubt hatten: »Wir sind ein Volk!« – wurden über Nacht arbeitslos. Pech für die Kuh Elsa.

Dadurch, dass uns in den besetzten Gebieten in einer brutalen Rosskur ein kalter neoliberaler Kapitalismus übergestülpt wurde, blieb nicht zuletzt etwas auf der Strecke, was ich als Kitt für eine funktionierende Gesellschaft für unerlässlich halte: Mitmenschlichkeit, Solidarität – wo allein ist der Begriff geblieben? –, Herzensbildung im Umgang miteinander.

Heute ist sich ganz überwiegend jeder selbst der Nächste und fragt zuerst nach dem eigenen Vorteil, bevor er etwas fürs Gemeinwohl tut. Zynismus allenthalben, vor allem auch in der Politik und in den Medien. Zugleich ist vorauseilender Gehorsam ein so allgemeines Phänomen geworden, dass die DDR-Oberen sich gefreut hätten, wäre ihnen ein gleiches Maß beschieden gewesen. Die »westlichen Werte« – eine Worthülse; wer die im Munde führt, wie unsere bürgerlichen Politiker, und als Hort derselben »Amerika« preist – also jene USA, die den Irak zerstört und Libyen bombardiert haben – der macht sich im besten Fall lächerlich und motiviert im schon schlimmeren Fall vielleicht junge Menschen, ihr Heil beim Islamischen Staat zu suchen. Die einzigen »Werte«, die sich seitens der politischen Klasse sowie bei Managern und Medien und Teilen der Gesellschaft noch sabbernder Anbetung erfreuen, sind – das Geld und »die Märkte«. Aber wer sind die Märkte? Name und Adresse, bitte! Dort müssen wir hin, denn die haben unser Geld.

Manche nennen die vorherrschende Form des Gemeinwesens im Westen eine Wolfsgesellschaft. Aber das ist schon wieder ein falsches Bild: Wölfe in ihrem Rudel sind höchst soziale Wesen.

Ich kann diejenigen verstehen, die sagen: Dieses System sollte uns besser heute als morgen um die Ohren fliegen, damit endlich etwas Besseres kommt.

Hat Brandts Wunsch vom Zusammenwachsen überhaupt noch eine Chance?

Uwe Steimle: Ich mag die Hoffnung ja nicht aufgeben, bin aber realistisch genug, um zu befürchten – vorderhand wächst auch weiter nichts zusammen. Weil immer noch – und ich habe das Gefühl: immer mehr – so wesentliche Mindestvoraussetzungen dafür fehlen wie das Bemühen ums gegenseitige Verstehen. Ich war am 3. November 2014, unter anderem zusammen mit Matthias Platzeck, in der ARD, bei »Hart aber fair«, und musste einmal mehr feststellen, dass Menschen, die – ob aus ahistorischer Selbstgerechtigkeit (meist Westdeutsche) oder persönlicher Betroffenheit, für die ich Verständnis habe – die Diktatur in der DDR in eine Linie stellen mit der des Dritten Reiches, gar nichts anderes gelten lassen als ihre eigenen Urteile und Vorurteile und überhaupt nichts wissen wollen, was ihrem Weltbild widerspricht. Man darf sich gar nicht vorstellen, was der Menschheit hätte passieren können, wenn Gorbatschow im Prozess des Zusammenbruchs der Sowjetunion eine solche Denke eigen gewesen wäre …

Die aber zieht sich in Deutschland heute meinungsführend durch – mit einem Koordinatensystem, in dem nur die einen immer recht haben und uns überdies gebetsmühlenartig, täglich, erklären, wie wir gelebt wurden. Und die anderen haben gefälligst demütig das Haupt zu beugen oder besser gleich in Sack und Asche zu gehen. Das ist gesellschaftspolitische Apartheid, die die ganze ostelbische Bevölkerung stigmatisiert. Was soll da zusammenwachsen?

Die DDR hat – über andere Unterschiede zum Dritten Reich will ich gar nicht reden – keine Leichenberge hinterlassen. Das ist Fakt. Und Fakt ist auch: Sie hatte eine Reihe von sozialen und kulturellen Vorzügen, die nicht auf den Kehrichthaufen der Vereinigung gehört hätten. Manches davon wird ja gerade mühselig wiederhergestellt – natürlich ohne Bezug zur DDR. Gottseidank gibt es ja Beispiele wie Norwegen und Dänemark. Die sich schon vor Jahrzehnten ohne ideologische Scheuklappen manches vom Bildungs- und Erziehungssystem der DDR abgeschaut hatten …

Verstehen Sie mich aber bitte nicht falsch – ich glaube auch nach 25 Jahren deutscher Einheit keineswegs, dass wir das »Ende der Geschichte« erreicht haben. Denn was ganz schnell daraus entstehen kann, wenn die Verhältnisse für große Bevölkerungsgruppen zu prekär werden, das haben wir ja in Frankreich, Spanien und Griechenland schon erlebt …

Vom MDR wurde Ihnen die Idee für einen Spielfilm abgelehnt, der davon handeln sollte, was an Schicksalen auch zur Geschichte der massenhaften Flucht aus der DDR im Jahre 1989 – vor dem Fall der Mauer – gehörte: das häufige Zurücklassen von Eltern, Partnern und vor allem Kindern. Die Ablehnung der MDR-Oberen wurde mit der fragenden Feststellung garniert: »Sie werden wohl nie mit Ihrer DDR fertig?!« Nach Ihren ersten Antworten hier drängt sich die Frage noch zugespitzter auf: Hätten Sie die DDR lieber behalten?

Uwe Steimle: Ja, ja, ja. Mir fehlt meine DDR, und zwar jeden Tag ein Stückchen mehr! Dabei bin ich zum bekennenden DDR-Bürger erst in der und durch die BRD geworden. Vorher war ich durchaus auch kritisch. Einer Mitarbeit bei den »Organen« habe ich mich entzogen …

Aber seit 25 Jahren wird die DDR im offiziellen Sprachgebrauch als Unrechtsstaat bezeichnet. Und das lasse ich mir nicht gern aus einer Himmelrichtung sagen, in der man sich jahrzehntelang nicht im Stande sah, ja weigerte, das Vernichtungssystem der Nazis auch nur vergleichbar zu qualifizieren. Trotzdem konzediere ich: Vielleicht war die DDR auch ein Unrechtsstaat, aber dann war sie einer, in dem es sehr viel Gerechtigkeit gab. Heute leben wir dafür in einem Rechtsstaat, der voller Ungerechtigkeiten ist. Oder anders ausgedrückt: In der DDR wurde sich um die Menschen gekümmert, und die Häuser verfielen …

Kritiker nennen mich ob solcher Sprüche gern einen »ewig Gestrigen«, der ich nicht bin. Nur ich kann im Unterschied vor allem zu den westdeutschen unter meinen Kritikern beide Systeme vergleichen – aus eigener Anschauung und Erfahrung. Und das werde ich auch weiter tun.

Im Übrigen: Dass ich nicht einer bin, der sagt, früher war's schöner – und noch früher war's noch schöner, das kann beurteilen, wer meine Vorstellungen besucht oder meine Bücher liest.

Dass unsere Bundeskanzlerin einen langweiligen, verwaltenden Politikstil pflegt und sich ohne Vision und Programmatik an der Macht hält, ist allgemein bekannt und wird ihr ja in einschlägigen Medien immer wieder vorgehalten. Ohne erkennbaren Schaden für ihre Popularität im Volke.
Ihnen verdanken wir die Erkenntnis, dass die frühere FDJ-Funktionärin auch über ein gerüttelt Maß an schlitzohriger Perfidie verfügt: Erst schob sie ihren letzten CDU-Konkurrenten ums Kanzleramt ins Schloss Bellevue ab, und dann ließ sie die Wahl von Christian Wulff auch noch auf einen 30. Juni terminieren und gab dem Auserwählten damit einen Wink –

sein weiteres Schicksal betreffend. Nur dass Wulff als Wessi keinerlei Chance hatte, dieses Zeichen der Zeit zu begreifen. Der 30. Juni – Sie, Herr Steimle, haben es ans Licht gebracht – ist: Ulbrichts Geburtstag! Geschadet hat der Kanzlerin aber auch dieser Streich nicht. Ebenso wenig wie schon die üppigen Fotos von der Operneröffnung in Oslo – mit einem Dekolleté, wie man es bis dahin vor allem aus Russ-Meyer-Filmen kannte. Gegen Angela Merkel scheint kein Kraut gewachsen …

Uwe Steimle: Das scheint derzeit so. Mich interessiert aber vielmehr, ohne ein Freund der Dame zu sein, wie oft sie eigentlich in ihrer Persönlichkeit gespalten sein muss. Mit ihrer Sozialisierung: Thälmann-Pionier, Russisch-Olympiade, FDJ-Job und womöglich, wegen Westfernsehen zu Hause, ständig mit gespaltenem Kopf denken müssen, um mit gespaltener Zunge reden zu können, und dann ab 1990 diese Biographie einkapseln und das Ganze wieder auf Anfang – an der Seite von Helmut Kohl und seinen Satrapen. Also wieder mit gespaltenem Kopf … um mit gespaltener Zunge … In Amerika sagte sie vor dem Kongress in Washington folgende Worte: »Meine ersten Jeans waren für mich der Weg in die Freiheit […] Es lebe die unverbrüchliche Freundschaft zur […].« Da fiel ihr ein: »Mein Gott, ich stehe ja gar nicht in Moskau.« Und jüngst auf dem SED-, Verzeihung!, CDU-Parteitag in Köln sinngemäß: »Wir haben einen Auftrag, und das ist unser Mut zur Chance. Also nutzen wir die Chance zum Mut!« Und Köln raste.

Das muss ihr erst mal einer nachmachen. Vor der Kritik an Angela Merkel kommt deshalb bei mir: Den Hut vor ihr zu ziehen.

In der DDR hatte politisches Kabarett, und man sprach hinter vorgehaltener Hand ganz offen darüber, eine Ventilfunktion: Der Dampf, der sich im Alltag in den Leuten aufstaute, nahm auf der Bühne (in Maßen kritische) Gestalt und Stimme an. Lachen löst Verspannungen; man kehrte irgendwie teiltherapiert in den Alltag zurück – und alles ging weiter seinen sozialistischen Gang. Der klügere Teil der Obrigkeit hatte den dieserart durchaus systemkonsolidierenden Wert solcherart Veranstaltungen erkannt: Kabarettgründungen wurden häufig gefördert …

In bürgerlichen Gesellschaften, wiewohl die Systemkritik hier maßlos sein darf, entfaltet politisches Kabarett auch keine erkennbar größere Wirkung. Schon Kurt Tucholsky litt unter dem von ihm so empfunden Widerspruch, zwar erfolgreich zu sein, aber wirkungslos. Ihr Innungskollege Georg Schramm stand in seinem vorletzten Programm »Thomas Bernhardt hätte geschossen« als Lothar Dombrowski mit einem Enfield-Revolver auf der Bühne, um das Ausmaß seines Leidens an den Verhältnissen und seine Radikalisierung bei der Wahl der Waffen zu verdeutlichen. Das Publikum klatschte frenetisch, aber das war's dann auch. Solcher Auftritt ließ sich nicht mehr toppen. Für Schramm einer der Gründe, weitgehend aufzuhören. Welche Wirkung erhoffen Sie sich?

Uwe Steimle: Ein Beispiel. Hätten Sie Anfang des Jahres gedacht, dass eine kleine Partei wie die Hiddenseepartei. achtsame Demokraten, aus dem Stand 67 Prozent holt und die CDU mit 2,9 Prozent in die Unaussprechlichkeit versenkt? Das war bei der Kommunalwahl im Mai.

Davon haben Sie noch gar nichts gehört? Da sind wir ja schon wieder bei der »gelebten Demokratie«: Vielleicht sollten wir das nächste Mal über die Medien hierzulande sprechen, die leider ganz überwiegend Teil des Problems sind.

Ich meinerseits arbeite nach dem Prinzip »steter Tropfen«. Das dauert. Aber bei mir zu Hause, im Elbsandsteingebirge, können Sie auf höchst beeindruckende Weise sehen, was »steter Tropfen« anzurichten vermag.

Im Folgenden ein paar Aussagen von Ihnen – mit der Bitte, diese zu erläutern: »Zeit ist Gnade.«

Uwe Steimle: Das ist mein persönlicher Gegenentwurf zu »Zeit ist Geld«. Das Leben ist viel zu schön – Menschen, Natur, Kunst, Literatur, Reisen –, um zu viel Zeit mit dem Mammon oder der Jagd danach zu vergeuden. Ich arbeite gern, auch gern für Geld, weil der Zugang zu manchen schönen Seiten des Lebens in unserer Gesellschaft ohne verschlossen bleibt. Ich stelle mir allerdings immer mal wieder die Frage nach der Grenze, jenseits der vom eigentlichen Leben zu viel auf der Strecke bleibt ... Ich will mir Zeit nehmen können, für Dinge, die mir wichtig sind – auch für so ein Gespräch hier.

»Beim Kabarett landet man im Endeffekt immer beim ›Geschichten erzählen‹ gegen Ungerechtigkeit.«

Uwe Steimle: Das ist mein Antrieb.

»Pulmotin.«

Uwe Steimle: Ein Anker in der Welt! Wenn der Begriff in meinem Programm fällt, dann sehe ich im Saal, wo die Einheimischen sitzen. So ab 35 aufwärts. Allein der Geruch und das Gefühl eines Pulmotinwickels – das sind prägende Kindheitserlebnisse, die können einem selbst 25 Jahre Spätkapitalismus nicht nehmen.

»Ein kluger Mann klopft nicht gegen Rost. Er lebt damit.«

Uwe Steimle: Ist nicht von mir, dieses Bonmot. Könnte aber aus der Abteilung für Agitation und Propaganda im ZK der SED stammen, denn die Absicht lugt doch durch jedes Knopfloch – die Menschen sollen ruhig gestellt werden. Wer etwas verändern will, der muss den Rost traktieren, dass es nur so scheppert! Das entspricht auch eher meinem Naturell.

»Es war auch nicht alles nur gut in der DDR.«

Uwe Steimle: Richtig. Aber ich muss mich ergänzen: Wir waren die Guten! Im Übrigen sollte man das ganz dialektisch sehen. Meine Eltern zum Beispiel – ich hatte eine liebevolle, behütete Kindheit – hatten häufig wenig Zeit, sich um mich zu kümmern, denn sie waren mit dem Aufbau des Sozialismus beschäftigt. Ich hab' also Schwein gehabt: Ich hatte regelmäßig Langeweile und konnte andererseits tun, was ich wollte. Stundenlang Lesen zum Beispiel. Beides trainiert das Gehirn, denn richtig gut arbeitet das nur in Schüben: Bildung funktioniert über Pausen, nicht mit dem Nürnberger Trichter. Faulsein ist ganz wichtig! Manchmal habe ich den Eindruck, die Heimat des Deutschen ist die Arbeit.

Wir haben aus großen Kalibern begonnen und wollen mit ebensolchen aufs Ende – unseres Gesprächs – zusteuern. Die Menschheit lernt ja offensichtlich nicht dazu und die Phalanx der aktuellen politischen Entscheidungsträger aus den Fehlern vorangegangener Generationen schon gar nicht. Der gegenwärtige Rückfall im Verhältnis zwischen dem Westen und Russland in Zustände, die dem Kalten Krieg ähnlich sind, führt diese Geschichtsvergessenheit mal wieder schauerlich vor Augen.

Daran ist vor fast 100 Jahren schon Karl Kraus verzweifelt. Der ließ sein Stück »Die letzten Tage der Menschheit« dann damit enden, dass die höheren Sphären die Nase voll hatten vom Zustand auf dem Globus und das Licht ausknipsten. Die letzten Worte des Stückes lauten bekanntlich:

Stimme von oben
Der Sturm gelang. Die Nacht war wild.

Zerstört ist Gottes Ebenbild!
Großes Schweigen
Die Stimme Gottes
Ich habe es nicht gewollt.
Wie sehen Sie die Perspektive des ganz großen Ganzen?

Uwe Steimle: Ich weiß nicht mehr, wo ich den Satz aufgeschnappt habe: »Wäre die Erde eine Bank, sie wäre längst gerettet.«

Aber im Ernst: Seit geraumer Zeit stolpern wir im Westen von einer Katastrophe in die nächste, ohne eine Vorstellung davon, wo wir eigentlich hinwollen. Ich bin trotzdem nicht unoptimistisch, weil der vermeintliche Sieger der Geschichte, der Kapitalismus, dadurch dass man ihn nach dem Zusammenbruch des Ostens noch mehr entfesselte, zeigen konnte, was er drauf hat: die Menschheit an den Rand des – mindestens wirtschaftlichen – Abgrunds zu führen, und, wenn man ihn ließe, darüber hinaus. Auf »ewig« ungezügeltes Wachstum würde uns früher oder später an denselben Punkt bringen. Denn was ist ungezügeltes Wachstum? Krebs! Und nicht zuletzt – Gesellschaften, in denen die Schere zwischen arm und reich immer weiter auseinanderklafft und immer mehr Menschen in Angst davor leben, wie sie den nächsten Tag bestreiten sollen, können auf Dauer nicht funktionieren. Davon ausgehend hoffe ich, dass sich künftig eine Mischung von Markt- und Planwirtschaft herausbilden wird, die den Kapitalismus zu unser aller und, wenn Sie so wollen, auch zu seinem eigenen Wohl an die Leine legt, wo immer Existenzielles berührt ist, und die eine Einkommens- und Reichtumsverteilung ermöglicht, die gerechter ist als die gegenwärtige. Wie das dann heißt, ist mir Wurscht. Ich hänge nicht an Begriffen ...

Eine Illusion? Zwischen 1945 und 1970 hat so etwas in Gestalt sozialer Marktwirtschaft mit nahezu Vollbeschäftigung und stetig steigenden Einkommen auch für abhängig Beschäftigte schon mal ganz ansehnlich geklappt. OK, damals mussten sie, weil es uns im Osten gab. Doch wenn man auf Vernunft überhaupt nichts mehr gäbe ...

Vielleicht aber kommt es ja auch völlig anders. Richtig schlimm. Die Verwestlichung der Welt könnte uns durchaus das Genick brechen, bevor sich genügend Umkehrpotenzial angesammelt hat und zur Wirkung kommt.

Ganz persönlich würde ich trotzdem immer wieder ein Apfelbäumchen pflanzen. Und dazu rate ich auch meinen Zeitgenossen von der Bühne herab, denn »sich an die Probleme ranquatschen«, wie wir das hier getan haben, ist einerseits zwar unerlässlich, andererseits aber eben nur das eine. Das eigene Handeln muss dazukommen. Immer wieder. Wer dafür weiteren Zuspruch braucht – vielleicht hilft ein weiterer Dresdner, Erich Kästner:

Es gibt nichts Gutes,
Außer: Man tut es.

Und Ihre Prognose für die ganz nahe Zukunft?

Uwe Steimle:: In spätestens zwei Jahren kommt es zum Vereinigungsparteitag zwischen CDU und SPD. Und wie nennen wir die Partei? Ganz klar: Kapitalistische Einheitspartei Deutschlands – mit Angela Gabriel an der Spitze.

Bitte gestatten Sie eine letzte, eher persönliche Frage! Ich habe mir in Vorbereitung auf dieses Gespräch »Das Konto«, Marko Imbodens Fernseh-Thriller aus dem Jahre 2004, angesehen. Da reüssieren Sie in einer Rolle, mit der, ich gestehe es frank und frei, Sie zu assoziieren ich zuvor nicht im Traum auf die Idee gekommen wäre – als ziemlich emotionsloser Auftragskiller. Und ich muss sagen: Auch als Vincent Vega (»Pulp Fiction«) oder Walter White (»Breaking Bad«) hätten ich Sie mir danach sehr gut vorstellen können. Von Dresden nach Hollywood – träumen Sie davon manchmal?

Uwe Steimle:: Nu, selbstverständlich. Welcher gute Schauspieler täte das nicht? Und hungrig im Herzen bleiben, das bewahrt einen davor, saturiert in die Kissen zu sinken und sich nicht mehr zu entwickeln. Das wäre Tod auf Raten schon zu Lebzeiten.
Dass von Hollywood nischt kommt, frustriert mich aber nicht. Hollywood entgeht was! Und ganz nebenbei: Es hat auch Vorteile, nicht so »im Fokus« zu stehen. Man kann versonnen in der Nase bohren, ohne dass die Fotos fünf Minuten später gleich im Internet kursieren.

Das Gespräch (hier gekürzt) führte Wolfgang Schwarz, Chefredakteur der Zweiwochenschrift »Das Blättchen« (www.das-blaettchen.de), am 7. November 2014.

Statt eines Nachworts:
Uwe, mei Uwe

Dresden und so

Ich komme aus Dresden, genau wie Uwe. Wir sind der gleiche Jahrgang und im gleichen Sternzeichen geboren – wir sind beide Zwillinge. Das verbindet uns. Aber auch unsere Ost-Erinnerungs-Synapsen reagieren ähnlich. Wir haben früher die gleichen Filme gesehen, die gleiche Musik gehört, hatten ein ähnliches soziales Umfeld. Kurz und gut, wir verbrachten beide unsere Kindheit im Tal der Ahnungslosen. Das prägt. Hat aber beim gemeinsamen Arbeiten extrem viele Vorteile. Wir verstehen uns in vielen Situationen blind.

Wenn Uwe beim Dreh sagt: Ich mache das Fenster jetzt so auf wie die Babuschka im russischen Märchenfilm, dann weiß ich sofort, was passiert. Die Fensterflügel öffnen sich nach außen, Uwe verschränkt seine Arme, lehnt sich auf das Fensterbrett und schaut hinaus. Da braucht es keinerlei Erklärung mehr. Da reicht ein Blick. Das steckt in uns drin wie die Elle von Meister Nadelöhr und der Indianerköpper von Gojko Mitic.

Dennoch gibt es zwischen uns einen gewaltigen Unterschied. Ich habe schon im Alter von 16 Jahren meiner Heimatstadt den Rücken gekehrt. Wollte hinaus in die Welt, jedenfalls soweit mich die DDR ließ. Heute lebe ich in meinem kleinen Dorf Ringsleben in Oberhavel in Brandenburg, weit entfernt von Dresden – und trotzdem fühle ich mich dort pudelwohl.

So etwas kann ich mir bei Uwe im Leben nicht vorstellen. Ich kenne kaum einen Menschen, der seine Heimatstadt so sehr liebt wie er. Uwe ist durch und durch Dresdner. Ich sag mal so: Erst kommt der Dresdner Stollen, dann die Dresdner Eierschecke und dann kommt schon der Dresdner Steimle.

Uwe ist vernarrt in seine Stadt und er liebt sie mit all seinen Ecken und Kanten. Und wenn er das jetzt liest, wird er mir bei unserem nächsten Treffen die Hammelbeene lang ziehen und sagen: »Bei uns gibt's keene Ecken und Kanten. Bei uns is alles rund. Guck dir ma den Bogen am Georgentor an oder unser Wahrzeichen, den Zwinger! Alles wunderschön!«

Wann immer man mit Uwe unterwegs ist, kann es passieren, dass er plötzlich große Sehnsucht nach seinem Zuhause bekommt. So geschehen in Burg in Sachsen-Anhalt.

Ich saß nach einem langen Drehtag mit Keffi, unserem Kameramann, und Thomas, unserem Tontechniker, bei einem Absacker auf der Sonnenterasse eines völlig ausgestorbenen Hotels. Man kann schon sagen, es war tiefste Pampa. Da kam Uwe und man hatte schon von Ferne den Eindruck, dass irgendetwas passiert sein musste.

Er hatte nur kurz mit der Heimat telefoniert. Dieses kurze Telefonat aber reichte schon aus, in ihm ein derartiges Heimweh zu produzieren, die Pampa tat natürlich ihr übriges, dass er sich zu uns setzte und uns umgehend mit einem Schwall von Sätzen überzog. Diese klangen dann etwa so: »Alles, was mior hier drehn, is für änn Dräsdner gar nischt!« Oder: »Warum drehn mior überhaupt wo anders als in Dräsdn, bei uns gibt's doch ooch alles, was die hier ni ham!« Ruhe. Pause. Stille.

Ich versuchte ihn zu beruhigen und wies ihn Kraft meines Kaltgetränkes darauf hin, dass es zum Beispiel in Tangermünde, Sachsen-Anhalt, auch sehr schön ist. Was ihn in diesem Augenblick aber überhaupt nicht interessierte. Am liebsten wäre er sofort nach Hause gefahren. Nur nach Hause, in sein Dresden.

Nun führte uns aber unser Dreh am nächsten Tag weiter durch Sachsen-Anhalt. Und wie es der Zufall so wollte, bezogen wir am Abend ein wirklich schönes Hotel, direkt in Tangermünde. Uwe machte nach dem Essen noch einen kleinen Stadtspaziergang durch die alte Hansestadt. Danach kam er ganz aufgeregt zu mir und erzählte voller Begeisterung, fast so, als wäre er der erste Mensch, der diese Stadt betreten hat, wie schön doch Tangermünde sei. Nicht ohne zu erwähnen, oder besser gesagt einzufordern, dass wir am morgigen Tag unbedingt noch das Stadttor und die wunderschönen Backsteinhäuser und die Elbe und, nicht zu vergessen, die Stadtmauer drehen müssten. Und zwar ganz unabhängig davon, ob das unser Zeitplan zulässt oder nicht. Denn: »Tangermünde is wirklich ä Traum! Falls Du's noch ni weeßt! Ich möchte morgen bitte die ganze Stadt zum Weltkulturerbe ernennen.«

So isser, dor Uwe.

Uwe ist nicht Mainstream. Er hasst das Mittelmaß. Genau wie ich. Denn Mittelmaß gibt es in unserer Gesellschaft und eben auch in unserer Fernsehbranche zur Genüge. Uwe ist jemand mit Haltung. Und wer Haltung hat, polarisiert eben auch. Dass das nicht jedem gefällt, liegt in der Sache. Aber genau das finde ich gut. Und deshalb arbeite ich sehr gern mit ihm zusammen, auch wenn es für uns beide manchmal etwas aufregend ist.

Dor Anfang

Als ich dem MDR vorschlug, eine Sendung zu produzieren, in der es darum geht, dass sich ein »Reiseführer« Geschichten aus der Region von ganz normalen Menschen und ihrem Alltag erzählen lässt, stand nur ein einziger Reiseführer auf meiner Vorschlagsliste: Uwe Steimle.

Ich hatte da so ein Bauchgefühl, und das sagte mir, der oder keiner. Natürlich kannte ich Uwe als Schauspieler aus dem »Polizeiruf 110«, als Kabarettist, in seiner Figur Günther Zieschong und als bester Erich Honecker-Imitator. Aber privat waren wir uns noch nie begegnet. Doch irgendwie hatte ich den Verdacht, dass Uwe und ich gut zusammenpassen und er genau der Richtige für das ist, was ich vorhatte. Zum Glück hat sich das in der Zwischenzeit mehr als bestätigt. Denn bei einer Sendung wie »Steimles Welt« muss das Miteinander stimmen. Sonst wird das nischt!

Als ich mich dann das erste Mal aufmachte, Uwe zu besuchen, hatte ich ein ganz schönes Muffensausen.

Vorsichtshalber nahm ich selbstgebackenen Kuchen mit, denn dass er ein Backwaren-Gourmet ist, wusste ich aus seinem ersten Buch. Ich fuhr also nach Dresden und suchte schon im Auto nach den richtigen Sätzen und Formulierungen, die mir den Zugang zu meinem zukünftigen Hauptdarsteller möglichst einfach machen sollten. Dass am Ende ein einziges kleines, sächsisches Wort den Steimle-Sesam öffnete, konnte ich zu diesem Zeitpunkt noch nicht ahnen.

Uwe empfing mich an der Wohnungstür, musterte mich und bat mich herein. Wir setzten uns in seine Küche und er fragte mich – das ist übrigens eine fast ritualisierte Handlung, wenn man sein Gast ist –, ob ich einen richtig guten Kaffee mit ihm trinken möchte. Ich bejahte die Frage mit einem einfach »Nu«. Dann nahm er die Kaffeemühle zwischen seine Beine und mahlte in aller Ruhe die guten Bohnen. Der Kaffee schmeckte köstlich und wir kamen ins Plaudern über unsere Reiseroute, Inhalte und über das, was »Steimles Weltkulturerbe« ausmachen soll. Mitten im Gespräch hielt er plötzlich inne und sagte: »Ich dachte vorhin schon, Du willst Dich an mich ranwanzen. Aber Dein ›Nu‹ hat mir verraten, Du bist tatsächlich ä echter Dresdner.« In diesem Moment war meine anfängliche Unsicherheit endgültig verflogen, und so öffnete mir dieses kleine, wunderschöne Dresdner »Nu« die Pforte zu »Steimles Welt«.

Ich muss gestehen, wenn ich mit Uwe unterwegs bin, spreche ich mehr Sächsisch als an allen anderen Tagen des Jahres. Da lasse ich meine Heimatsprache so richtig nausloofen und mir fallen plötzlich wieder Worte ein, die ich schon fast aus meinem Sprachgebrauch gestrichen hatte. Denn auch und besonders Uwes Pflege des sächsischen Dialektes macht ihn für mich und unsere Sendung so wertvoll. Er braucht sich bei unseren Zuschauern eben nicht ranwanzen. Die Sprache öffnet ihm nicht nur die Türen, sondern auch die Herzen. Das klingt zwar abgedroschen, stimmt aber. Ganz oft erleben wir es, dass die von uns besuchten Menschen nach dem Dreh sagen, dass sie sich gewundert hätten, wie »normal« sie bei uns reden können. Ganz ohne Getue und Gemache. Das ist eine der Stärken von »Steimles Welt«, wenn nicht sogar ihr, neudeutsch gesagt, Alleinstellungsmerkmal.

Ganz im Lutherschen Sinne schauen wir nämlich dem Volk aufs Maul. Viele ZuschauerInnen haben uns nach der Ausstrahlung von »Steimles Welt« geschrieben und eben dieses unverkrampfte, alltägliche Erzählen als wohltuend empfunden. Das freut uns sehr. Denn in einer Mediengesellschaft, in der viel zu viel inszeniert und uns ständig etwas vorgegaukelt wird, hebt man sich eben schon ab, wenn man »ganz normal« redet und damit auch Heimat und Regionalität erlebbar macht. Auf diese Weise erfüllen wir mit »Steimles Welt«, fast ä bissl wie nebenbei, sogar die »Hauptaufgabe« unseres öffentlich-rechtlichen Arbeitgebers, des MDR. Ooch scheen! Und Danke dafür, dass miors machen dürfen.

's Drehen

»Rum und num, fahr mer mitm Warti rum.« Immer auf der Suche nach der Philosophie des Alltags. Auf der Suche nach Geschichten, die sonst im Verborgenen bleiben. Aber was im Fernsehen dann immer so schön leicht und locker aussieht, ist beim Drehen oft sehr anstrengend. Ich habe schon viele Sendungen in meinem Leben gemacht, aber so eine Intensität, wie wir sie bei »Steimles Welt« erreichen, ist selten. Denn wenn die Leute erst ins Erzählen kommen, ist es meist so, als hätte man den Stöpsel von einem Weinfass gezogen. Es fließt und fließt und fließt. Dann gilt es für Uwe manchmal zwei Stunden lang die Konzentration hochzuhalten, neugierig zu bleiben, die Leute ernst zu nehmen und ab und an die richtigen Fragen zu stellen. Und für unseren Kameramann bedeutet dass, die 12 kg schwere Kamera die gleiche Zeit auf der Schulter zu halten, und dem Gespräch ruhig zu folgen. Das ist Schwerstarbeit. Davor ziehe ich meinen Hut!

Der Lohn dafür sind die Begegnungen mit Menschen und Landschaften, die man im normalen Leben nie getroffen oder besucht hätte. Ein Privileg, dessen wir uns bewusst sind. Die Herzlichkeit und Offenheit, mit der wir empfangen werden, fasziniert mich immer wieder. Das ist ein Vertrauensvorschuss, mit dem man nicht unbedingt rechnet, mit dem wir aber wohl überlegt umgehen. Wir führen niemanden vor und wollen auch niemanden verletzen. Das ist unser oberstes Gebot. Und ich hoffe, das merkt man der Sendung auch an. Uwe sagt immer: »Wir machen tschechisches Fernsehen mit Herz.«

Ich erinnere mich zum Beispiel an den über 80-jährigen Horst Voit im schönen vogtländischen Mehltheuer, der, mit seiner Concertina auf den Beinen, sein ganzes Leben vor uns ausbreitete. Er spielte und sang sich seine Trauer über die Verluste in seiner Familie von der Seele. Und die kleine Finnhütte, in der er wohnt, war plötzlich magisch erfüllt von dem tiefen Schmerz, den er erfahren hat, aber auch von seiner unbändigen Lebenslust und Hoffnung, die ihn am Leben hält. Und diese Hoffnung heißt Musik. Zum Schluss sang er für uns sein Lieblingslied. »… ich habe nur auf der Welt allein, Deine Liebe …«

Uwe heulte wie ein Schlosshund und wir brauchten danach erst mal eine Pause. Das sind Momente, die man nie vergisst und für die man sein Leben lang dankbar ist. Solche Begegnungen machen die Dreharbeiten zu etwas ganz Außergewöhnlichem. Und wir sitzen dann gemeinsam im Wartburg und gucken in die Welt, die in solchen Augenblicken wunderschön ist. Einfach, erklärbar und verletzlich.

Zum guten Schluss

Wenn man mit Uwe arbeitet, weiß man, worauf man sich einlässt. Da kann man nichts halbherzig angehen. Arbeit mit Uwe bedeutet immer volle Pulle. Er fordert sich, aber auch alle in seinem Umfeld. Er will immer das Beste. Und das Beste ist ihm noch lange nicht genug. Dabei begegnet einem in Uwe alles, was einen großen Schauspieler ausmacht: Sensibilität, Ängstlichkeit, Handwerk, Bauchgefühl, Unnachgiebigkeit, Großzügigkeit, Liebe, Neugier, Kontrolle und Nichtkontrolle. Und das zuweilen alles auf einmal. Da braucht man schon eine gewisse Gelassenheit.

Ich erinnere mich zum Beispiel an Zerbst. Der Dreh bei Herrn Sommer und seinen Skulpturen war gerade beendet. Keffi, der Kameramann, machte noch ein paar Schnittbilder im Garten und Uwe und ich waren schon beim Ruhepuls angekommen. Wir wollten uns gerade in den Wartburg setzen. Plötzlich kam auf der Straße ein DKW-Oldtimer angefahren. Und was soll ich sagen ... bei alten Autos, da flippt der Uwe aus. Da ist er nicht zu halten. Ich hörte ihn neben mir brüllen: »Drehen, drehen, drehen, warum drehen wir das nicht?« Kurzerhand stellte er sich auf die Straße und hielt das Auto einfach an. Kniete sich neben den Wagen auf den Boden und huldigte dieser alten Automobil-Handwerkskunst. Gerade noch rechtzeitig gelang es mir, Keffi von seiner bisherigen Arbeit abzuziehen und ihn mit schnellen Schritten zum neuen Drehort auf die Straße zu bugsieren.

In solchen Momenten wird Uwe zum Kind. Da will er spielen. Da staunt er mit großen Augen und vergisst die Welt um sich herum. Da kann ihn niemand halten. Das gehört zu ihm wie zu jedem guten Schauspieler, der sein Kind in der Hosentasche mit sich herumträgt. Nicht umsonst hat er sich ja den Beruf des Schauspielers ausgesucht. Obwohl, ich glaube eher, dass es anders herum war, die Schauspielerei hat Uwe auserwählt. Da kann er mir erzählen, was er will.

Schließlich hat das Schicksal auch bestimmt, das wir beide nun schon seit einiger Zeit auf den Nebenstraßen dieser Welt unterwegs sind. Und ich wünsche mir einfach, dass unsere gemeinsamen Reisen noch lange nicht zu Ende sind. Im 312er Wartburg. Immer der Nase nach. Du und ich. Zwee Dresdner. Bis glei, mei Uwe.

Dei Reiseleiter

Uwe am Arbeitsplatz … 's geht wieder los!

Bildnachweis

S. 3, 13, 15, 18, 27, 31, 39, 42, 54, 58, 60, 65, 68, 75, 81, 86, 153 © MDR (alles aus dem Sendematerial).

S. 6, 117 © Uwe Steimle.

S. 11, 21, 37, 45, 47, 49, 51, 69, 71, 78, 83, 91, 109, 121, 141, 145, 149, 159, 181, 191 © Michael Seidel.

S. 67 © Noel Powell – Fotolia.com, S. 89 © Ana Gram – Fotolia.com, S. 93 © Teamarbeit – Fotolia.com, S. 101 © RRF – Fotolia.com, S. 133 © haveseen – Fotolia.com

S. 23 www.pixabay.com (lushtko), S. 123 www.pixabay.com (94451)

Wikipedia: S. 34 (Schloss Hartenfels, Thorgau, Zeppelubil), S. 41 (Burgtor in Tangermünde, Doris Antony), S. 85 (Park Schloss Blankenburg, Hejkal), S. 97 (Reifendrehen, Stefan Kühn), S. 106 (Bergkirche zu Seiffen, Michael Gäbler), S. 111 (Peterskirche in Görlitz, Görlitzinformation), S. 115 (Heiliges Grab in Görlitz, Andreas Präfke), S. 125 (Schloss Wurschen, Weißenberg, Frank Vincentz), S. 127 (Torhaus Schloss Großharthau, WikiAnika), S. 131 (Alte Pfefferküchlerei, Weißenberg, Frank Vincentz), S. 134 (Herrnhuter Stern, Annaberg, St. Annen, Geolina1631), S. 143 (Burg Scharfenstein, Die Ziegler), S. 151 (Kapelle des alten katholischen Friedhofs, Dresden, Paulae)

S. 64 © Monika und Siegfried Rüdiger, S. 95 © Erzgebirge Seiffen, TMGS, S. 137, 138 © www.herrnhuter-sterne.de

Textnachweis

Uwe Steimle: S. 7-20, 37-48, 69-90, 109-120, 141-180

Peter Ufer: S. 21-36, 49-68, 91-108, 121-140

Michael Seidel: S. 181-191

S. 109-116 aus: Uwe Steimle, Heimatstunde. Neues vom Zauberer von Ost, Gütersloh 2013.